भविष्य जानने की सरल विधि

जन्म कुण्डली में स्थित ज्योतिष के योगों द्वारा भविष्य जानने की सरल विधि पर व्यावहारिक ज्ञान की अनूठी पुस्तक।

ज्योतिष एवं तन्त्र-मन्त्र की सर्वश्रेष्ठ पुस्तकें

भविष्य जानने की सरल विधि

ज्योतिष योग-संग्रह

तिलक चन्द 'तिलक'
ज्योतिषाचार्य

प्रकाशक

मुख्य कार्यालय
F-2/16, अंसारी रोड, दरियागंज,
नई दिल्ली-110002 ☎ 23240026, 27, 28
✉ info@vspublishers.com
🌐 www.vspublishers.com

क्षेत्रीय कार्यालय : हैदराबाद
5-1-707/1, ब्रिज भवन (सेन्ट्रल बैंक ऑफ इण्डिया लेन के पास) बैंक स्ट्रीट, कोटी, हैदराबाद-500 095
☎ 040-24737290
✉ vspublishershyd@gmail.com

Online Brandstore: amazon.in/vspublishers

पुस्तकें ऑनलाइन खरीदें: 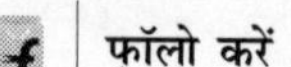 फ़ॉलो करें :   

ISBN 978-93-814480-4-5

नवीन संस्करण

Cataloging in Publication Data--DK
Courtesy: D.K. Agencies (P) Ltd. <docinfo@dkagencies.com>

Tilaka, Tilaka Canda, 1927-2007, author.
Bhavishya jānane kī sarala vidhi : jyotisha yoga-saṅgraha / Tilaka Canda 'Tilaka'.
pages cm
In Hindi.
On Hindu astrology.
ISBN 9789381448045
1. Hindu astrology. I. Title.

LCC BF1714.H5T55 2023 | DDC 133.59445 23

मुद्रक : परम ऑफसेटर्स, ओखला, नई दिल्ली-110020

स्वकथन

अपना भविष्य जानना प्रत्येक मनुष्य की प्राकृतिक इच्छा होती है। भविष्य जानने की अनेक पद्धतियों में से सर्वाधिक लोकप्रिय है, जन्म कुडली द्वारा भविष्यफल जानना, जो प्रामाणिकता एवं सत्य के अधिक निकट रहता है।

जन्म कुंडली वास्तव में मानव के मन-मस्तिष्क एवं पूर्ण शरीर का ऐक्सरे है। जीवन के सभी रहस्य इसमें निहित हैं। इन्हीं रहस्यों का पता लगाने के लिए ज्योतिषी प्रायः योगों का सहारा लिया करते हैं, क्योंकि इन योगों द्वारा निहित रहस्यों को जानना अत्यंत सरल हो जाता है। इसीलिए पुस्तक का नाम 'भविष्य जानने की सरल विधि' रखा गया है।

देखने में आया है कि आजकल 70-75 प्रतिशत दंपती ऐसे हैं, जिन्हें दांपत्य जीवन का पूर्ण सुख प्राप्त नहीं है। आपस में मनमुटाव व खटपट चलती रहती है, जिससे जीवन नीरस हो जाता है।

समय की आवश्यकता को देखते हुए हमने ज्योतिष योग संग्रह के इतिहास में प्रथम बार वर-कन्या चुनाव योग के शीर्षक से ऐसे योग दे दिए हैं, जिनके आधार पर दंपती आजीवन परम सुखी रह सकें।

प्रस्तुत पुस्तक में ज्योतिष योग संग्रहों के इतिहास में प्रथम बार सैकड़ों महत्वपूर्ण योगों को शामिल किया गया है। इनमें धन संबंधी 137 योग, 201 राजयोग, वैवाहिक जीवन संबंधी 252 योग, 132 राशि परिवर्तन योग तथा ढेरों अन्य महत्वपूर्ण योग, जैसे मकान, भू-संपत्ति योग, उच्चपदाधिकारी योग, वाहन योग, विदेश यात्रा योग, चोरी होने का योग आदि जन साधारण की रुचियों व जिज्ञासाओं के अनुरूप सम्मिलित किए गए हैं। इस प्रकार कुल मिलाकर 892 योग दिए गए हैं।

वास्तव में स्थान-स्थान पर बिखरे फूलों को एक जगह एकत्र कर उन्हें आकर्षक रूप देकर गुलदस्ता प्रस्तुत किया गया है। इसमें मेरा क्या है? कुछ भी नहीं। मेरा तो मात्र प्रयास है।

इसमें एक नई चीज़ आप यह पाएंगे कि योग संग्रहों की प्रचलित परंपरा से परे हटकर सभी योगों का इस प्रकार से श्रेणीबद्ध वर्गीकरण कर दिया गया है कि आपको एक ही दृष्टि में जीवन के महत्वपूर्ण प्रश्नों के उत्तर मिल जाएं।

नई विशेषताओं के कारण यह संग्रह केवल योग संग्रह न रहकर ज्योतिषी वर्ग तथा जन साधारण के लिए समान रूप से अत्यंत उपयोगी व संग्रहणीय ग्रंथ बन गया है।

पुस्तक की त्रुटियों की ओर ध्यान आकर्षित कराने एवं नए सुझावों के लिए हमेशा की तरह आपके पत्रों की प्रतीक्षा रहेगी। आशा है आप तत्परता दिखाएंगे।

114-A, गांधी नगर **–तिलक चंद 'तिलक'**
जम्मू-180 004
दूरभाष-(0191) 2459000

इस पुस्तक की उल्लेखनीय विशेषताएं

1. ज्योतिष योग संग्रहों के इतिहास में प्रथम बार यह विशाल योग संग्रह प्रस्तुत किया जा रहा है, जिसमें भारी संख्या में (892) प्रामाणिक एवं विश्वसनीय योग दिए गए हैं, जबकि किसी योग संग्रह में चार-पांच सौ से अधिक योग देखने में नहीं आए।
2. ज्योतिष योग संग्रहों के इतिहास में पहली बार दांपत्य जीवन सुखी बनाने के लिए (वर-कन्या चुनाव योग) तथा वैवाहिक जीवन संबंधित भारी संख्या में (252) योग दिए गए हैं।
3. योग संग्रहों की प्रचलित परंपरा से परे हटकर सभी योगों का इस प्रकार श्रेणीबद्ध वर्गीकरण कर दिया गया है कि आपको एक ही दृष्टि में **(At a glance)** जीवन के महत्वपूर्ण प्रश्नों के उत्तर भी मिल पाएंगे। जैसे विवाह कब होगा? होगा कि नहीं? दांपत्य जीवन कैसे सुखी रह सकता है? विदेश यात्रा होगी कि नहीं? उच्चाधिकारी बन पाएंगे कि नहीं? भूमि, भवन एवं संपत्ति आदि की प्राप्ति कैसी रहेगी? चोरी की संभावना कब हो सकती है? आदि।
4. शैली अत्यंत रोचक व भाषा अति सरल प्रयोग की गई है, एवं स्थान- स्थान पर टिप्पणी दे कर विषय को और भी स्पष्ट कर दिया गया है।

अंदर के पृष्ठों में

पहला अध्याय

धन योग

मानव को जीवन निर्वाह के लिए धन की परम आवश्यकता होती है। जीवन के सभी सुख-साधनों की प्राप्ति धन होने पर ही संभव है। यही कारण है कि आज का मानव रातों-रात करोड़पति बनने के स्वप्न देखता रहता है। जीवन के लिए धन की इस महत्ता को देखते हुए ही, इस पुस्तक को 'धन योग' से प्रारंभ किया गया है।

कोई व्यक्ति कितना धनवान हो पाएगा, यह उसकी कुंडली में निहित होता है। इन्हीं निहित रहस्यों को प्रकट करते हैं, ये प्रामाणिक 'धन योग'।

इस अध्याय में धन प्राप्ति योग, गुप्त धन प्राप्ति योग, ससुराल/पत्नी पक्ष से धन प्राप्ति योग, अनायास धन प्राप्ति (लाटरी आदि) योग एवं निर्धनता सूचक योगों सहित, कुल 137 धन योग दिए गए हैं।

धन योग

जन्म कुंडली में बनने वाले कुछ प्रमुख धन योग नीचे दिए जा रहे हैं, इनमें से किसी एक योग के होने पर भी व्यक्ति को धन की प्राप्ति अवश्य होती है। एक से अधिक योग होने पर लाभ की संभावनाएं उतनी ही अधिक और प्रबल हो जाती हैं। प्रमुख धन योग निम्नांकित हैं :

1. लग्नेश (लग्न का स्वामी) व धनेश (दूसरे भाव का स्वामी) दोनों धन भाव (दूसरे भाव) में स्थित हों।
2. दूसरे भाव में शुभ ग्रह बैठा हो।
3. दूसरे भाव पर शुभ ग्रह की दृष्टि हो।
4. द्वितीयेश (धनेश) पर शुभ ग्रह की दृष्टि हो।
5. द्वितीयेश के साथ कोई शुभ ग्रह बैठा हो।
6. बृहस्पति केंद्र में स्थित हो।
7. बुध पर गुरु की पूर्ण दृष्टि हो।
8. बृहस्पति त्रिकोण में स्थित हो।
9. बृहस्पति लाभ भाव (ग्यारहवें भाव) में स्थित हो।
10. द्वितीयेश उच्च राशि का होकर केंद्र में बैठा हो।
11. द्वितीयेश उच्च राशि का होकर त्रिकोण में बैठा हो।
12. धनेश लाभ भाव में हो, तथा लग्न वृश्चिक या कुंभ हो।
13. धनेश धन भाव में ही हो, तथा लग्न वृश्चिक या कुंभ हो।
14. लग्नेश जहां बैठा हो, उससे दूसरे भाव का स्वामी उच्च राशि का होकर केंद्र में बैठा हो।
15. धनेश व लाभेश स्व-मित्र राशिगत हों।
16. धनेश व लाभेश उच्च राशिगत हों।
17. लग्नेश, धनेश व लाभेश का परस्पर शुभ संबंध हो।
18. चंद्रमा व बृहस्पति की किसी शुभ भाव में युति हो।
19. बृहस्पति धनेश होकर मंगल के साथ हो।
20. चंद्र व मंगल दोनों एक साथ केंद्र में हों।
21. चंद्र व मंगल दोनों एक साथ त्रिकोण में हों।
22. चंद्र व मंगल दोनों एक साथ लाभ भाव में हों।
23. लग्न से तीसरे, छठे, दसवें व ग्यारहवें भाव में शुभ ग्रह बैठे हों।

24. सप्तमेश दशम भाव में अपनी उच्च राशि में हो।
25. सप्तमेश दशम भाव में हो, तथा दशमेश अपनी उच्च राशि में नवमेश के साथ हो।
26. मेष लग्न की कुंडली में लग्न में सूर्य, मंगल, गुरु व शुक्र यह चारों यदि नवम भाव में हों तथा शनि सप्तम भाव में हो।
27. मेष लग्न की कुंडली में लग्न में सूर्य व चतुर्थ भाव में चंद्र स्थित हो।
28. वृष लग्न की कुंडली में बुध-गुरु एक साथ बैठे हों तथा मंगल की उन पर दृष्टि हो।
29. मिथुन लग्न की कुंडली में चंद्र-मंगल-शुक्र तीनों एक साथ द्वितीय भाव में हों।
30. मिथुन लग्न कुंडली में शनि नवम भाव में तथा चंद्र व मंगल ग्यारहवें भाव में हों।
31. मिथुन लग्न कुंडली में दशम भाव में गुरु व शुक्र दोनों एक साथ बैठे हों।
32. मिथुन लग्न कुंडली में चंद्र तथा मंगल लाभ भाव में हों।
33 कर्क लग्न की कुंडली में चंद्र-मंगल-गुरु दूसरे भाव में तथा शुक्र-सूर्य पंचम भाव में हों।
34. कर्क लग्न की कुंडली में लग्न में चंद्र तथा सप्तम भाव में मंगल हो।
35. कर्क लग्न कुंडली में लग्न में चंद्र तथा चतुर्थ में शनि हो।
36. सिंह लग्न कुंडली में सूर्य, मंगल तथा बुध, यह तीनों कहीं भी एक साथ बैठे हों।
37. सिंह लग्न कुंडली में सूर्य, बुध तथा गुरु, यह तीनों कहीं भी एक साथ बैठे हों।
38. सिंह लग्न कुंडली में बुध पंचम, एकादश या द्वितीय भाव में हो।
39. कन्या लग्न कुंडली में शुक्र व केतु दोनों धन भाव में हों।
40. तुला लग्न कुंडली में चतुर्थ भाव में शनि हो।
41. तुला लग्न कुंडली में गुरु अष्टम भाव में हो।
42. वृश्चिक लग्न कुंडली में बुध व गुरु कहीं भी एक साथ बैठे हों।
43. वृश्चिक लग्न कुंडली में बुध व गुरु की परस्पर सप्तम दृष्टि हो।
44. वृश्चिक लग्न कुंडली में गुरु व बुध पंचम भाव में तथा चंद्रमा ग्यारहवें भाव में हो।

45. धनु लग्न वाली कुंडली में दशम भाव में शुक्र हो।
46. मकर लग्न कुंडली में पंचम भाव में चंद्र, नवम भाव में गुरु तथा लग्न में बुध व शुक्र हों।
47. मकर लग्न कुंडली में लग्न में मंगल तथा सप्तम भाव में चंद्र हो।
48. मकर लग्न कुंडली में बुध व शुक्र लग्न में हों तथा पंचमस्थ चंद्रमा पर गुरु की दृष्टि हो।
49. कुंभ लग्न कुंडली में गुरु किसी भी शुभ भाव में बलवान होकर बैठा हो।
50. कुंभ लग्न कुंडली में दूसरे भाव में गुरु तथा लाभ भाव में शुक्र हो।
51. कुंभ लग्न कुंडली में दशम भाव में शनि हो।
52. मीन लग्न कुंडली में लाभ भाव में मंगल हो।
53. मीन लग्न कुंडली में छठे भाव में गुरु, आठवें में शुक्र, नवम में शनि तथा ग्यारहवें भाव में चंद्र-मंगल हों।

गुप्त धन प्राप्ति योग

54. धनेश व चतुर्थेश नवम भाव में शुभ ग्रह की राशि में शुभ ग्रह से युत हों या दृष्ट हों।
55. लग्नेश शुभ ग्रह होकर द्वितीय भाव में हो तथा द्वितीयेश अष्टम भाव में हो।
56. अष्टमेश तथा लाभेश दोनों ही चतुर्थ भाव में हों।
57. अष्टमेश लाभ भाव में तथा लाभेश अष्टम भाव में हो।
58. लग्नेश धन भाव में हो।
59. लग्नेश, धनेश, लाभेश तीनों लाभ भाव में हों।
60. लाभेश लग्न में, लग्नेश धन भाव में तथा धनेश लाभ भाव में हो।
61. वृष लग्न कुंडली में सूर्य तथा बुध पंचम भाव में स्थित हों।
62. वृष लग्न कुंडली में बृहस्पति व सूर्य एक साथ पंचम भाव में बैठे हों।

ससुराल/स्त्री द्वारा धन प्राप्ति योग

63. धनेश सप्तम भाव में हो तथा शुक्र से युत या दृष्ट हो।
64. चतुर्थेश व सप्तमेश दोनों चतुर्थ भाव में हों।
65. चतुर्थेश व सप्तमेश दोनों सप्तम भाव में हों।

66. चतुर्थेश सप्तम भाव में हो तथा शुक्र चतुर्थ भाव में हो।
67. सप्तमेश धन भाव में हो।
68. सप्तमेश व धनेश दोनों एक साथ हों तथा शुक्र से युत अथवा दृष्ट हों।
69. सप्तमेश, नवमेश तथा शुक्र तीनों एक साथ हों।
70. सप्तमेश चंद्रमा हो और धन भाव में बैठा हो।
71. द्वितीयेश स्त्री ग्रह हो तथा द्वितीयेश का शुक्र तथा सप्तमेश से संबंध हो।

अनायास धन प्राप्ति योग

72. लग्नेश द्वितीय भाव में तथा द्वितीयेश लाभ भाव में हो।
73. नवम भाव में राहु हो तथा नवमेश नवम में ही हो अथवा बलवान हो।
74. चंद्रमा से तीसरे, छठे, दसवें, ग्यारहवें स्थानों में शुभ ग्रह हों।
75. पंचम भाव में चंद्र एवं मंगल दोनों हों तथा पंचम भाव पर शुक्र की दृष्टि हो।
76. चंद्र व मंगल एक साथ हों, धनेश व लाभेश एक साथ चतुर्थ भाव में हों तथा चतुर्थेश शुभ स्थान में शुभ दृष्ट हो।
77. गुरु नवम भाव में धनु राशि का हो तथा दशम भाव में मकर राशि में चंद्र व मंगल हों।
78. मेष लग्न कुंडली में चतुर्थ भाव में गुरु, सप्तम भाव में शनि तथा अष्टम भाव में शुक्र हो तथा चंद्र मंगल कहीं एक साथ हों।
79. द्वितीय भाव में मंगल तथा गुरु की युति हो।
80. धनेश अष्टम भाव में तथा अष्टमेश धन भाव में हो।
81. पंचम भाव में बुध हो तथा लाभ भाव में चंद्र मंगल की युति हो।
82. लग्नेश धन भाव में तथा धनेश लग्न में हो।
83. दशमेश व धनेश केंद्र अथवा त्रिकोण में हों।
84. गुरु नवमेश होकर अष्टम भाव में हो।
85. गुरु व चंद्रमा की युति कर्क राशि में दूसरे, चौथे या लाभ भाव में हो।
86. वृश्चिक लग्न कुंडली में नवम भाव में चंद्र व बृहस्पति की युति हो।

87. मीन लग्न कुंडली में पंचम भाव में गुरु-चंद्र की युति हो।
88. कुंभ लग्न कुंडली में गुरु व राहु की युति लाभ भाव में हो।
89. लाभेश, धनेश व राहु तीनों धन भाव में हों।
90. चंद्र, मंगल, शुक्र तीनों मिथुन राशि में दूसरे भाव में हों।
91. सिंह लग्न कुंडली में द्वितीय, पंचम या एकादश में बुध हो।
92. कन्या लग्न कुंडली में दूसरे भाव में शुक्र व केतु हो।
93. तुला लग्न कुंडली में लग्न में सूर्य-चंद्र तथा नवम में राहु हो।
94. मीन लग्न कुंडली में ग्यारहवें भाव में मंगल हो।

निर्धनता सूचक योग

अब कुछ निर्धनता सूचक योग दिए जा रहे हैं। इनमें से किसी एक योग के होने पर भी व्यक्ति को धन की कमी रहती है। धनवान कुल में जन्म लेने पर भी उसे निर्धन की भांति जीवन व्यतीत करने पर विवश होना पड़ता है।

95. चंद्रमा से दूसरे व बारहवें भाव में कोई भी ग्रह न हो।
96. चंद्रमा निर्बल हो और किसी शुभ ग्रह से दृष्ट न हो, न ही चंद्रमा के साथ कोई शुभ ग्रह बैठा हो।
97. चंद्रमा सूर्य के साथ हो तथा नीच राशिगत ग्रह से दृष्ट हो।
98. लग्न से केंद्र में तथा चंद्रमा से केंद्र में भी पाप ग्रह हो।
99. चंद्रमा पाप ग्रह की राशि में पाप युक्त हो।
100. शनि व राहु दोनों धन भाव में हों, किंतु शनि उच्च या स्वराशि का न हो।
101. धनेश छठे या बारहवें भाव में बैठा हो।
102. धनेश नीच राशि में होकर अस्त हो।
103. शनि व केतु दोनों धन भाव में हों, किंतु शनि उच्च राशि या स्वराशि का न हो।
104. गुरु के अतिरिक्त अन्य कोई ग्रह नवमेश होकर अष्टम में हो।
105. धनेश व्यय भाव में हो तथा व्ययेश धन भाव में हो।
106. धनेश व्यय भाव में हो तथा व्ययेश लग्न में हो।
107. पंचमेश छठे भाव में तथा नवमेश अष्टम भाव में हो।
108. अष्टमेश लाभ भाव में हो तथा और कोई शुभ योग न हो।

109. गुरु व्यय भाव में हो, धनेश निर्बल हो तथा लग्न किसी भी शुभ ग्रह से युत या दृष्ट न हो।
110. सूर्य एवं शनि दोनों ही धन भाव में हों।
111. तृतीय तथा नवम भाव में शुभ ग्रह हों और षष्ठ तथा द्वादश भाव में पाप ग्रह हों।
112. राहु, केतु को छोड़कर शेष सातों ग्रह केवल दो राशियों में हों।
113. सभी सातों ग्रह यदि किन्हीं तीन राशियों में हों।
114. चंद्रमा से चारों केंद्र स्थान खाली हों या उनमें केवल पाप ग्रह हों, कोई शुभ ग्रह न हो।
115. पंचमेश यदि षष्ठेश, अष्टमेश या व्ययेश के साथ स्थित हो।
116. लग्नेश निर्बल हो, अष्टमेश की लग्नेश पर दृष्टि हो तथा बृहस्पति अस्त हो।
117. कुंडली में किसी भी केंद्र भाव में कोई पाप ग्रह किसी दूसरे पाप ग्रह या शत्रु ग्रह या नीच राशिगत ग्रह से दृष्ट हो।
118. कुंडली में यदि नवम भाव में शनि हो, उसे पाप ग्रह देखते हों तथा नवांश कुंडली में बुध नीच राशि का हो।
119. चतुर्थेश अष्टमेश से युक्त हो तथा इन पर षष्ठेश की दृष्टि हो।
120. लग्नेश के साथ पाप ग्रह की युति हो तथा गुरु व शुक्र दोनों अस्त हों।
121. व्ययेश लग्न में हो तथा लग्नेश व्यय भाव में हो तथा सप्तमेश भी व्यय भाव में हो।
122. सभी शुभ ग्रह दुःस्थान (छठे, आठवें, बारहवें भाव) में हों तथा पाप ग्रह केंद्र या त्रिकोण में हों।
123. यदि चंद्रमा, मंगल, गुरु व शुक्र, यह चारों नीच राशि के होकर केंद्र या त्रिकोण में स्थित हों।
124. मंगल, बुध, गुरु व शनि यह चारों नीच राशि के होकर पंचम, षष्ठ, अष्टम, एकादश या द्वादश भाव में हों।
125. चतुर्थेश पाप ग्रह के साथ होकर अस्त हो।
126. कोई पाप ग्रह कुंडली के प्रथम, द्वितीय, तृतीय, चतुर्थ, पंचम, सप्तम, नवम, दशम, एकादश भाव में स्थित होकर किसी दूसरे पाप ग्रह या शत्रु ग्रह या नीच ग्रह से दृष्ट हो।

127. लग्नेश षष्ठ भाव में हो, षष्ठेश लग्न में हो तथा चंद्र दूसरे या सातवें भाव में हो।

128. लग्नेश व द्वितीयेश नीच राशि में हों तथा नवम भाव का स्वामी अस्त हो।

129. मीन तथा धनु लग्न की कुंडली में गुरु अस्त हो और केंद्र से बाहर स्थित हो तथा लाभेश निर्बल हो।

130. लग्नेश व द्वितीयेश की युति अष्टम भाव में हो।

131. कोई भी तीन ग्रह नीच राशि या शत्रु राशि में होकर अस्त हों तथा लग्नेश निर्बल हो अथवा पाप प्रभाव में हो।

132. लग्नेश के साथ द्वितीयेश या सप्तमेश की युति छठे या आठवें या बारहवें भाव में हो तथा उस पर पाप की दृष्टि भी हो।

133. चंद्रमा सूर्य के साथ हो तथा किसी नीच राशिगत ग्रह से दृष्ट हो और पाप नवांश में हो।

134. लग्न में क्षीण चंद्रमा तथा अष्टम भाव में कोई पाप ग्रह बैठा हो तथा चंद्रमा पर किसी शुभ ग्रह की दृष्टि न हो।

135. चंद्रमा के साथ राहु हो तथा पाप ग्रह की दृष्टि हो।

136. चंद्रमा शत्रु ग्रह के साथ हो तथा उस पर किसी नीच राशिगत या शत्रु ग्रह की दृष्टि हो।

137. नीच राशिगत या शत्रु क्षेत्रीय चंद्रमा केंद्र या त्रिकोण में हो तथा गुरु चंद्रमा से छठे, आठवें, बारहवें भाव में हो।

दूसरा अध्याय

राजयोग

ज्योतिष में राजयोग जितना प्रसिद्ध योग है, उतना प्रसिद्ध शायद ही कोई अन्य योग हो। सामान्य पाठक भी राजयोग के बारे में जानने के इच्छुक रहते हैं। राजयोग का शाब्दिक अर्थ है—वह योग जिसके जन्म कुंडली में होने से जातक को राज्य की प्राप्ति हो। किंतु यह तब की बात थी, जब राजाओं, महाराजाओं का युग था। आज युग बदल चुका है। आज के युग में इस शब्द के अर्थ भी बदल गए हैं। आज के युग में राजयोग का अर्थ है—सुखी, धनी व ऐश्वर्य संपन्न होना। हां, राजयोग के बलवान होने पर जातक को सत्ता की प्राप्ति भी हो जाती है। इस अध्याय में सात शीर्षकों के अंतर्गत कुल 201 योग दिए गए हैं, जिनके कुंडली में होने पर व्यक्ति के ऐश्वर्यपूर्ण जीवन व्यतीत करने या सीधे राजसत्ता में सहभागी होने की पूर्ण संभावनाएं बन जाती हैं। इनमें से कुछ तो प्रबल राजयोग बनाते हैं और कुछ आयु विशेष तथा परिस्थिति विशेष में प्रभावी होते हैं।

राजयोग

विभिन्न ग्रहों की युति, दृष्टि, भाव परिवर्तन आदि के आधार पर राजयोगों के अनेक प्रकार हैं। इनमें से कुछ योग ग्रहों की प्रबलता आदि के आधार पर प्रबल राजयोग बनाते हैं, तो कुछ सामान्य। राजयोग न केवल शुभ ग्रहों द्वारा ही सृजित होते हैं बल्कि पाप ग्रहों द्वारा भी परिस्थिति विशेष में इनका सृजन होता है। ऐसे योगों को 'विपरीत राजयोग' कहते हैं। अतः यहां अनेक प्रकार के प्रमुख राजयोग दिए जा रहे हैं :

प्रबल राजयोग

1. मेष लग्न की कुंडली में सूर्य लग्न में हो, गुरु नवम में हो, मंगल दशम में तथा शनि एकादश भाव में हो।
2. लग्न मेष हो। सूर्य लग्न में, गुरु चतुर्थ भाव में, शनि सप्तम भाव में तथा मंगल दशम भाव में हो।
3. मेष लग्न कुंडली में लग्न में सूर्य, सप्तम भाव में शनि तथा चतुर्थ भाव में बृहस्पति हो।
4. मेष लग्न कुंडली में लग्न में सूर्य, चतुर्थ भाव में बृहस्पति तथा दशम भाव में मंगल हो।
5. मेष लग्न कुंडली में सूर्य मेष लग्न में, मंगल दशम भाव में तथा शनि सप्तम भाव में हो।
6. मेष लग्न कुंडली में लग्न में सूर्य तथा चतुर्थ भाव में चंद्रमा व बृहस्पति दोनों हों।
7. मेष लग्न कुंडली में सूर्य लग्न में हो, चंद्रमा चतुर्थ में तथा शनि सप्तम भाव में हो।
8. मेष लग्न कुंडली में लग्न में सूर्य, चतुर्थ भाव में चंद्रमा तथा दशम भाव में मंगल हो।
9. मेष लग्न कुंडली में लग्न में सूर्य, द्वितीय भाव में चंद्रमा, पंचम भाव में गुरु, अष्टम भाव में मंगल तथा एकादश भाव में शनि हो।
10. मेष लग्न कुंडली में लग्न में सूर्य, तीसरे भाव में बुध, पांचवें बृहस्पति तथा आठवें मंगल हो।
11. वृष लग्न कुंडली में सूर्य तथा बुध दोनों नवम भाव में हों, शनि बलवान होकर धनभाव में हो तथा शुक्र एकादश भाव में हो।

12. वृष लग्न कुंडली में लग्न में चंद्रमा, दूसरे भाव में बुध, चतुर्थ भाव में गुरु तथा सप्तम भाव में मंगल हो।
13. वृष लग्न कुंडली में लग्न में चंद्रमा, पंचम भाव में बुध तथा सूर्य दोनों हों, छठे भाव में शुक्र तथा तीसरे भाव में बृहस्पति और सप्तम भाव में मंगल हो।
14. वृष लग्न कुंडली में लग्न में चंद्रमा, सप्तम भाव में गुरु, दशम भाव में शनि तथा चतुर्थ भाव में सूर्य हो।
15. वृष लग्न कुंडली में लग्न में चंद्र, द्वितीय भाव में गुरु, छठे भाव में शनि तथा अन्य ग्रह लाभ भाव में हों।
16. मिथुन लग्न की कुंडली में नवम भाव में शनि, लाभ भाव में सूर्य व बुध दोनों हों।
17. मिथुन लग्न कुंडली में नवम भाव में शनि तथा एकादश भाव में चंद्र व मंगल दोनों हों।
18. कर्क लग्न कुंडली में ग्यारहवें भाव में बुध, चंद्र व शुक्र तीनों हों, गुरु लग्न में तथा सूर्य दशम में हो।
19. कर्क लग्न कुंडली में लग्न में गुरु, द्वितीय भाव में सूर्य तथा सप्तम भाव में मंगल हो।
20. कर्क लग्न कुंडली में बृहस्पति व चंद्रमा लग्न में तथा दशम भाव में सूर्य हो।
21. कर्क लग्न कुंडली में सूर्य मेष राशि में, बृहस्पति लग्न में, शनि तुला राशि में तथा मंगल मकर राशि में हो।
22. कर्क लग्न कुंडली में गुरु लग्न में, शनि चतुर्थ भाव में तथा सूर्य दशम भाव में हो।
23. कर्क लग्न कुंडली में लग्न में गुरु, दशम में सूर्य तथा सप्तम भाव में मंगल स्थित हो।
24. कर्क लग्न कुंडली में लग्न में बृहस्पति, चतुर्थ भाव में शनि तथा सप्तम भाव में मंगल हो।
25. कर्क लग्न कुंडली में चंद्रमा तथा बृहस्पति दोनों लग्न में, शनि चतुर्थ भाव में हो।
26. कर्क लग्न कुंडली में चंद्रमा व गुरु दोनों लग्न में तथा मंगल सप्तम भाव में हो।

27. कर्क लग्न कुंडली में लग्न में बृहस्पति तथा दशम भाव में मंगल हो।
28. कर्क लग्न कुंडली में सूर्य तथा मंगल दोनों दशम भाव में तथा चंद्र व गुरु दोनों नवम भाव में हों।
29. कन्या लग्न कुंडली में लग्न में बुध, पंचम में मंगल व शनि दोनों तथा चतुर्थ भाव में गुरु-शुक्र-चंद्र तीनों हों।
30. तुला लग्न कुंडली में लग्न में शनि, सप्तम भाव में सूर्य तथा दशम भाव में गुरु हो।
31. तुला लग्न कुंडली में लग्न में शनि, चतुर्थ भाव में मंगल तथा सप्तम भाव में सूर्य हो।
32. तुला लग्न कुंडली में चतुर्थ भाव में मंगल, दशम भाव में गुरु तथा लग्न में शनि स्थित हो।
33. तुला लग्न कुंडली में लग्न में शनि, सप्तम भाव में सूर्य तथा दशम भाव में चंद्रमा हो।
34. तुला लग्न कुंडली में चंद्रमा व बृहस्पति दोनों दशम भाव में तथा लग्न में शनि हो।
35. तुला लग्न कुंडली में लग्न में शनि, चतुर्थ भाव में मंगल तथा दशम भाव में चंद्रमा हो।
36. तुला लग्न कुंडली में लग्न में शनि तथा दशम भाव में चंद्रमा हो।
37. तुला लग्न कुंडली में लग्न में शुक्र व शनि दोनों हों, सप्तम में मंगल, दशम में गुरु तथा बारहवें भाव में सूर्य व बुध हों।
38. तुला लग्न कुंडली में सूर्य मेष राशि में, शनि लग्न में, मंगल चतुर्थ भाव में तथा बृहस्पति दशम भाव में हो।
39. तुला लग्न कुंडली में लग्न में शनि, दशम में गुरु तथा सप्तम में सूर्य हो।
40. तुला लग्न कुंडली में लग्न में शनि, चतुर्थ में मंगल तथा सप्तम भाव में सूर्य हो।
41. धनु लग्न कुंडली में लग्न में शनि, चतुर्थ में बृहस्पति, दशम में सूर्य तथा चंद्र दोनों व अन्य ग्रह लाभ भाव में हों।
42. मकर लग्न कुंडली में पंचम भाव में चंद्र, नवम भाव में बृहस्पति तथा लग्न में बुध व शुक्र हों।
43. मकर लग्न कुंडली में पंचम भाव में स्थित चंद्रमा पर गुरु की दृष्टि

हो और बुध एवं शुक्र दोनों ही लग्न में हों।

44. मकर लग्न कुंडली में लग्न में मंगल चतुर्थ में सूर्य, सप्तम में गुरु तथा दशम में शनि हो।
45. मकर लग्न कुंडली में लग्न में मंगल, सप्तम में बृहस्पति तथा चतुर्थ में सूर्य हो।
46. मकर लग्न कुंडली में लग्न में मंगल, चतुर्थ भाव में सूर्य तथा दशम भाव में शनि हो।
47. मकर लग्न कुंडली में लग्न में मंगल, सप्तम भाव में बृहस्पति तथा दशम भाव में शनि हो।
48. मकर लग्न कुंडली में लग्न में मंगल तथा सप्तम भाव में बृहस्पति व चंद्रमा दोनों स्थित हों।
49. मकर लग्न कुंडली में लग्न में मंगल, चतुर्थ भाव में सूर्य तथा सप्तम भाव में चंद्रमा हो।
50. मकर लग्न कुंडली में लग्न में मंगल, दशम भाव में शनि तथा सप्तम भाव में चंद्रमा हो।
51. मकर लग्न कुंडली में लग्न में मंगल तथा सप्तम भाव में चंद्रमा स्थित हो।
52. मकर लग्न कुंडली में लग्न में चंद्र व मंगल दोनों स्थित हों तथा बारहवें भाव में सूर्य हो।
53. मकर लग्न कुंडली में लग्न में शनि हो, तृतीय भाव में चंद्रमा, छठे भाव में मंगल, नवम भाव में बुध तथा बारहवें भाव में बृहस्पति हो।
54. मकर लग्न कुंडली में लग्न में शनि, चतुर्थ में मंगल, सप्तम में चंद्रमा, अष्टम में सूर्य, नवम में बुध तथा दशम भाव में शुक्र हो।
55. कुंभ लग्न कुंडली में चतुर्थ भाव में शुक्र, नवम में चंद्र, अन्य ग्रह लग्न, तृतीय व एकादश, इन्ही में से एक दो या तीन राशियों में हों।
56. कुंभ लग्न कुंडली में लग्न में शनि, पंचम में बुध सप्तम में गुरु तथा दशम भाव में मंगल हो।
57. मीन लग्न कुंडली में तीसरे भाव में चंद्र, छठे भाव में सूर्य, सप्तम में बुध, अष्टम में शुक्र, दशम में गुरु, एकादश भाव में मंगल तथा द्वादश भाव में शनि हो।

शत मंजरी राजयोग

58. कुसुम योग

परिभाषाः यदि कुंडली में लग्न में बृहस्पति हो, लग्न से सप्तम में चंद्रमा हो तथा चंद्रमा से अष्टम अर्थात् लग्न से द्वितीय भाव में सूर्य हो, तो यह ग्रह स्थिति 'कुसुम योग' बनाती है।

फलः इस योग में जन्म लेने वाला जातक सुंदर, आकर्षक, विनीत, भाई-बंधुओं की सहायता करने वाला एवं मुखिया होता है। 26 वर्ष की आयु में उसका भाग्योदय होता है।

टिप्पणीः यदि कर्क लग्न की कुंडली हो और लग्न में बृहस्पति हो, सप्तम भाव में चंद्रमा हो, तो भाग्येश-लग्नेश का संबंध होगा तथा भाग्येश उच्च राशि में और सूर्य स्व-राशि में होगा। अतः कर्क लग्न वालों को यह योग अन्य लग्नों की अपेक्षा अधिक फलदायी होगा।

59. चाप योग

परिभाषाः यदि कुंडली में चतुर्थेश दशम भाव में, दशमेश चतुर्थ भाव में हो तथा लग्नेश अपनी उच्च राशि में हो, तो 'चाप योग' का सृजन होता है।

फलः चाप योग में जन्म लेने वाला जातक वीर, विख्यात व सेनानी होता है। अत्यंत धनी एवं राजातुल्य होता है।

टिप्पणीः कन्या लग्न में लग्नेश उच्च का लग्न में होगा, तो दशमेश चतुर्थ भाव में नहीं हो सकता। मिथुन लग्न कुंडली में लग्नेश उच्च का होगा, तो चतुर्थेश दशम में नहीं हो सकता। धनु लग्न कुंडली में चतुर्थेश दशम में होगा, तो लग्नेश उच्च का नहीं हो सकता। मीन लग्न कुंडली में दशमेश चतुर्थ में होगा, तो लग्नेश उच्च का नहीं हो सकता। अतः मिथुन, कन्या, धनु व मीन लग्न की कुंडलियों पर यह योग लागू नहीं हो सकता।

60. चक्र योग

परिभाषाः कुंडली में दशम भाव में राहु हो, दशम भाव का स्वामी लग्न में हो तथा लग्नेश नवम भाव में हो, तो 'चक्र योग' का सृजन होता है।

फलः चक्र योग में उत्पन्न जातक राज्य द्वारा सम्मानित, सेनानी या उच्च पदाधिकारी होता है। चक्र योग वाले जातक का 21 वर्ष की आयु में भाग्योदय होता है।

61. नाग योग

परिभाषाः कुंडली में दशमेश जिस नवांश में हो, उस नवांश का स्वामी यदि लग्नेश के साथ दशम भाव में हो, तो 'नाग योग' होता है

फलः नाग योग में जन्म लेने वाला जातक विद्या एवं विनय से संपन्न, धनवान तथा नृप-पूज्य होता है। ऐसे जातक का 19 वर्ष के पश्चात भाग्योदय होता है।

62. नाभि योग

परिभाषाः यदि लग्न से नवम भाव में बृहस्पति हो तथा उससे ग्यारहवें भाव अर्थात् लग्न से सप्तम भाव में नवमेश शुभ चंद्र से युत हो, तो 'नाभि योग' का सृजन होता है।

फलः इस योग में उत्पन्न जातक विद्यावान, धनवान, सुखी, राजपूज्य एवं अभिमानी होता है। इस योग वाले व्यक्ति का 21वें वर्ष से विशेष भाग्योदय होता है।

टिप्पणीः यह योग कन्या लग्न की कुंडली में विशेष फलदायी होगा, क्योंकि नवमेश शुक्र सप्तम भाव में अपनी उच्च राशि में होगा। मेष तथा कर्क लग्न में यह योग घटित नहीं हो सकता, क्योंकि इन दोनों लग्नों में बृहस्पति स्वयं नवमेश है, इसके नवम में बैठने के कारण नवमेश सप्तम में नहीं बैठ सकता।

63. भेरि योग

परिभाषाः यदि लाभेश परमोच्च होकर द्वितीय भाव में स्थित हो तथा उस पर दशमेश की दृष्टि भी हो, तो 'भेरि योग' का सृजन होता है।

फलः इस योग में उत्पन्न जातक विद्वान, धनवान व वाहनयुक्त होता है। बहुत से लोग उसके आश्रित रहते हैं। 34वें वर्ष में उसका भाग्योदय होता है।

टिप्पणीः यह योग केवल सिंह लग्न की कुंडली में ही घटित हो सकता

है। सिंह लग्न होने पर ही लाभेश बुध 15 अंश पर परमोच्च होकर द्वितीय भाव में हो सकता है। किंतु विचारणीय यह है कि दशमेश शुक्र कभी भी बुध से सप्तम में नहीं हो सकता, अतः उसकी पूर्ण दृष्टि नहीं हो सकती। हां, वह द्वादश में बैठकर तृतीय दृष्टि से बुध को देख सकता है।

64. पद्म योग

परिभाषाः कुंडली में नवम स्थान का स्वामी यदि चंद्रमा से नवम स्थान में हो तथा शुक्र जन्म लग्न से नवम स्थान में हो, तो 'पद्म योग' का सृजन होता है।

फलः इस योग में उत्पन्न जातक बहुत प्रतिष्ठित पद प्राप्त करता है और बहुत भाग्यवान होता है। ऐसे जातक का 5 वर्ष की आयु से ही भाग्योदय हो जाता है।

65. पर्वत योग

परिभाषाः कुंडली में लग्नेश जिस राशि में बैठा हो, उस राशि का स्वामी अपनी उच्च राशि, स्वराशि[1] या मूल त्रिकोण में हो, तो 'पर्वत योग' का सृजन होता है।

फलः जातक भू-संपत्ति प्राप्त करता है। 45वें वर्ष में भाग्योदय होता है। उस समय जातक विशेष अधिकार संपन्न होकर यश प्राप्त करता है।

66. महाकाल योग

परिभाषाः लग्नेश जिस राशि में हो उस राशि का स्वामी जिस राशि में हो, उस राशि का स्वामी यदि अपनी उच्च राशि में स्थित होकर चंद्रमा से केंद्र में हो, तो 'महाकाल योग' होता है।

फलः जातक अत्यंत सुख प्राप्त करता है।

67. श्री योग

परिभाषाः कुंडली में यदि नवमेश व दशमेश की किसी केंद्र स्थान

1. उच्च राशि, स्वराशि, मूल त्रिकोण आदि जानने के लिए देखिए हमारी पुस्तक 'आओ ज्योतिष सीखें' प्रकाशक—पुस्तक महल, दिल्ली।

में युति हो और उस पर बृहस्पति की पूर्ण दृष्टि हो, तो 'श्री योग' का सृजन होता है।

फलः यह एक प्रसिद्ध राजयोग है। इस योग वाला जातक 64वें वर्ष में बहुत उच्च अधिकार पद को प्राप्त करता है।

टिप्पणीः यदि नवमेश दशमेश के साथ अष्टमेश तथा लाभेश का भी योग हो, तो यह योग निर्बल हो जाएगा।

68. मृदंग योग

परिभाषाः कुंडली में यदि लाभेश परमोच्च अंश में होकर शुक्र के साथ हो तथा लाभेश और शुक्र जिस राशि में हों, उस राशि का स्वामी लग्न से केंद्र में हो, तो 'मृदंग योग' होता है।

फलः इस योग में उत्पन्न जातक सुखी जीवन व्यतीत करते हैं। 40 वर्ष की आयु के पश्चात इस योग का विशेष फल प्राप्त होता है।

69. शारद योग

परिभाषाः यदि लग्न वर्गोत्तम हो (जन्म कुंडली में जो लग्न हो, नवांश कुंडली का भी वही लग्न हो), लग्नेश लग्न में शुभ ग्रह के साथ हो तथा लाभेश से दृष्ट हो, तो 'शारद योग' होता है।

फलः इस राजयोग में जन्म लेने वाले जातक का 54वें वर्ष में प्रबल भाग्योदय होता है।

70. अखंड साम्राज्य योग

परिभाषाः यदि कुंडली में लाभेश, नवमेश, द्वितीयेश इनमें से कोई भी ग्रह चंद्रमा से केंद्र में हो, बृहस्पति द्वितीय, नवम या लाभ का स्वामी हो, तो 'अखंड साम्राज्य योग' होता है।

फलः इस राजयोग में उत्पन्न जातक का 16 वर्ष की आयु के पश्चात भाग्योदय हो जाता है।

टिप्पणीः यदि बृहस्पति चंद्रमा से केंद्र में होगा, तो यह योग विशेष बलवान होगा, तब गजकेसरी योग भी बन जाएगा।

71. दुर्गादिनाथ योग

परिभाषाः राहु जिस राशि में हो, उस राशि का स्वामी लग्न से त्रिकोण में हो तथा मंगल उच्च राशि में होकर बलवान हो तथा नवमेश सप्तम भाव में स्थित हो, तो 'दुर्गादिनाथ योग' होता है।

फलः इस राजयोग में जन्म लेने वाला जातक धन-संपत्ति का स्वामी तथा भूमिनाथ व किले का स्वामी होता है।

72. योगेश्वर योग

परिभाषाः कुंडली में यदि द्वितीयेश तथा चतुर्थेश दोनों नवम स्थान में हों, दशमेश बलवान होकर धन स्थान में बैठा हो तथा लग्नेश उच्च का होकर लाभ स्थान में बैठा हो, तो यह 'योगेश्वर योग' होता है।

फलः इस राजयोग में जन्म लेने वाला जातक अत्यंत वैभवशाली होता है।

टिप्पणीः यह योग केवल वृष लग्न कुंडली पर ही लागू हो सकता है। क्योंकि केवल वृष लग्न का लग्नेश ही उच्च होकर लाभ में बैठ सकता है।

73. चामर योग

परिभाषाः कुंडली में चतुर्थेश अपनी उच्च राशि में हो और इस उच्च राशि का स्वामी दशम स्थान में हो तथा लग्नेश नवम स्थान में हो, तो 'चामर योग' होता है।

फलः इस राजयोग में जन्म लेने वाले जातक का 55वें वर्ष में प्रबल भाग्योदय होता है।

74. विष्णु योग

परिभाषाः कुंडली में यदि नवमेश व दशमेश दोनों द्वितीय भाव (धन भाव) में हों तथा दशमेश, नवमेश के नवांश में हो, तो 'विष्णु योग' होता है।

फलः इस राजयोग में जन्म लेने वाला जातक भगवान विष्णु का भक्त होता है तथा धनी, समृद्ध, वैभवशाली व प्रभावशाली होता है।

75. शिव योग

परिभाषाः यदि कुंडली में पंचमेश तथा लाभेश की भाग्य स्थान में युति हो तथा दशमेश पंचम भाव में हो, तो 'शिव योग' होता है।

फलः इस राजयोग में जन्म लेने वाला जातक अत्यंत पराक्रमी, वैभवशाली तथा भगवान शिव का भक्त होता है।

76. चतुर्मुख योग

परिभाषाः यदि लग्न से तीसरे, छठे, नवम या बारहवें भाव में बृहस्पति हो और लाभ स्थान से केंद्र में अर्थात लग्न से द्वितीय, पंचम या अष्टम स्थान में शुक्र हो, तथा शुक्र की राशि में गुरु व गुरु की राशि में शुक्र हो, तो 'चतुर्मुख योग' होता है।

फलः इस योग में जन्म लेने वाला जातक लोकमान्य, राजसुख भोगने वाला, विजयी और दीर्घायु होता है।

टिप्पणीः यह योग सबसे उत्तम व प्रभावी कुंभ लग्न वाले को हो सकता है। शेष लग्न वालों को उससे कम प्रभावी होगा।

77. गौरी योग

परिभाषाः कुंडली में दशमेश जिस नवांश में हो, उसका स्वामी अपनी उच्च राशि में स्थित होकर लग्नेश के साथ दशम भाव में स्थित हो, तो 'गौरी योग' होता है।

फलः इस योग में जन्म लेने वाले जातक का प्रबल भाग्योदय 47वें वर्ष में होता है।

78. लक्ष्मी योग

परिभाषाः कुंडली में भाग्येश जिस नवांश में हो, उसका स्वामी अपनी उच्च राशि में पंचमेश के साथ भाग्य स्थान में हो, तो 'लक्ष्मी योग' होता है।

फलः इस योग में जन्म लेने वाला व्यक्ति समृद्ध, वैभवशाली व दीर्घायु होता है।

79. भारती योग

परिभाषाः कुंडली में लाभ भाव का स्वामी जिस नवांश में हो, उसका स्वामी अपनी उच्च राशि में स्थित होकर नवमेश के साथ यदि लाभ भाव में स्थित हो, तो 'भारती योग' होता है।

फलः इस योग में जन्म लेने वाला जातक धार्मिक, श्रद्धालु, भाग्यवान, भोगी और समृद्ध होता है।

80. देवेन्द्र योग

परिभाषाः इस योग के लिए निम्नलिखित पांच बातें आवश्यक हैं :

(1) लग्न स्थिर राशि का हो।

(2) लग्नेश लग्न में हो।

(3) धनेश दशम भाव में हो।

(4) दशमेश द्वितीय भाव में हो।

(5) लाभेश बलवान होकर लग्न में हो।

फलः इस योग में जन्म लेने वाला जातक भोग एवं अन्य भौतिक सुखों से संपन्न होता है और 46वें वर्ष में उसका भाग्योदय होता है।

81. कलानिधि योग

परिभाषाः लग्न में चर नवांश हो और गुरु के साथ नवमेश लग्न में हो तथा पंचमेश पंचम में हो और दशमेश बलवान होकर लाभ स्थान में बैठा हो, तो यह 'कलानिधि योग' होता है।

फलः इस योग में जन्म लेने वाले जातक का 23वें वर्ष में प्रबल भाग्योदय होता है। जातक सुखी, संपन्न, यशस्वी तथा पुत्रवान होता है।

82. मेघ योग

परिभाषाः कुंडली में बृहस्पति जिस राशि में हो, उससे तृतीय राशि में शुक्र हो और शुक्र से नवम स्थान में चंद्रमा हो तथा दशमेश चतुर्थ भाव में हो, तो 'मेघ योग' होता है।

फलः इस योग वाले जातक का 30वें वर्ष में भाग्योदय होता है।

83. विभावसु योग

परिभाषाः यदि मंगल दशमेश होकर दशम भाव में ही स्थित हो, सूर्य धनेश होकर अपनी उच्च राशि में हो तथा चंद्रमा व बृहस्पति नवम भाव में हों, तो 'विभावसु योग' होता है।

फलः इस योग वाले को 35वें वर्ष में राजयोग का लाभ मिलता है।

टिप्पणीः यह योग केवल कर्क लग्न कुंडली पर ही लागू हो सकता है।

84. नाल योग

परिभाषाः कुंडली में नवमेश जिस नवांश में हो, उसका स्वामी अपनी उच्च राशि में लग्नेश के साथ हो, तो 'नाल योग' होता है।

फलः इस योग में जन्म लेने वाला जातक अत्यंत भाग्यशाली, गुरुप्रिय और बलाढ्य होता है।

85. चंद्र योग

परिभाषाः यदि लग्न से पंचम भाव में लाभेश हो तथा पंचमेश लाभ भाव में हो और चतुर्थेश चंद्रमा के साथ हो, तो 'चंद्र योग' होता है।

फलः इस योग में जन्म लेने वाला जातक तेजस्वी होता है तथा 22वें वर्ष बाद राजयोग होता है।

टिप्पणीः यह योग पंचमेश-लाभेश के राशि परिवर्तन तथा चतुर्थेश की चंद्रमा के साथ युति पर आधारित है। चंद्रमा बली होने पर योग उत्तम होगा।

86. गदा योग

परिभाषाः यदि लग्न से दूसरे स्थान में अर्थात् धन भाव में चंद्रमा, बृहस्पति तथा शुक्र तीनों स्थित हों तथा उन्हें नवमेश देखता हो, तो 'गदा योग' होता है। यह बहुत उत्तम धन योग है।

फलः इस योग में जन्म लेने वाले जातक का 26वें तथा 52वें वर्ष में विशेष भाग्योदय होता है।

87. चंड योग

परिभाषाः यदि राहु जन्म लग्न से दशम स्थान में स्थित हो तथा

दशमेश लग्न से तीसरे भाव में स्थित हो और शनि दशमेश के साथ हो, तो 'चंड योग' होता है।

फलः इस योग में जन्म लेने वाला जातक भाग्यशाली होता है तथा उसे 53वें वर्ष में प्रबल राजयोग का लाभ मिलता है।

88. गज योग

परिभाषाः यदि लाभेश, नवमेश व चंद्रमा तीनों की युति लाभ भाव में हो और लग्नेश की लाभ भाव पर पूर्ण दृष्टि हो, तो 'गज योग' का सृजन होता है।

फलः इस योग में जन्म लेने वाला जातक धनी और समृद्ध होता है तथा 39वें वर्ष में राजयोग विशेष प्रभावी होता है।

89. नाग योग (दूसरा)

परिभाषाः यदि पंचम स्थान का स्वामी भाग्य स्थान में हो और लाभेश धन भाव में हो तथा चंद्रमा भी धन भाव में लाभेश के साथ हो, तो 'नाग योग' होता है।

फलः इस योग में जन्म लेने वाला जातक बड़ा भाग्यशाली होता है। यह उत्तम भाग्य योग और धन योग है।

टिप्पणीः इससे पूर्व भी एक नाग योग नं. 61 में दिया गया है, यह उससे भिन्न है।

90. विद्युत योग

परिभाषाः लाभेश अपने परमोच्च में हो[2] (जिस राशि व अंश में परमोच्च होता है, उस राशि तथा अंश में हो) और शुक्र के साथ हो तथा लग्नेश केंद्र में हो, तो 'विद्युत' नाम का योग होता है।

फलः इस योग वाले जातक का 22वें वर्ष में भाग्योदय होता है।

91. शुभ योग

परिभाषाः यदि धन भाव में चंद्रमा व बृहस्पति की युति हो तथा

---

2. कौन-सा ग्रह किस राशि व अंश में परमोच्च होता है, यह जानने के लिए देखिए हमारी पुस्तक 'आओ ज्योतिष सीखें' प्रकाशक—पुस्तक महल, दिल्ली।

धनेश लाभ भाव में हो और लग्नेश शुभ ग्रह की राशि में हो, तो 'शुभ योग' होता है।

फलः इस योग वाले जातक का 32वें वर्ष में भाग्योदय होता है।

92. भूप योग

परिभाषाः लग्नेश जिस राशि में हो, उस राशि का स्वामी यदि दशम में हो तथा उस पर दशमेश की पूर्ण दृष्टि हो, तो यह 'भूप योग' होता है।

फलः इस योग में जन्म लेने वाले व्यक्ति का 43वें वर्ष में भाग्योदय होता है। यह एक उत्तम राजयोग है।

93. मृग योग

परिभाषाः नवमेश जिस राशि में हो, उसका स्वामी यदि शुभ ग्रह की राशि में शुभ ग्रह के साथ हो और चतुर्थेश अपनी उच्च राशि में हो, तो 'मृग योग' होता है।

फलः इस योग में उत्पन्न जातक भूमि, जायदाद का स्वामी, धार्मिक और भाग्यवान होता है।

94. गंधर्व योग

परिभाषाः यदि कुंडली में लग्न से पंचम तथा नवम में पाप ग्रह हों, दशमेश बृहस्पति हो और लग्नेश के साथ हो, सूर्य बलवान होकर अपनी उच्च राशि में हो तथा चंद्रमा नवम में हो, तो 'गंधर्व योग' होता है।

फलः 14 वर्ष की आयु से ही ऐसे जातक का भाग्योदय शुरू हो जाता है।

95. चंड योग (दूसरा)

परिभाषाः यदि लग्न में उच्च ग्रह हो और तृतीयेश व नवमेश भी लग्न में स्थित हों तथा लग्न पर मंगल की दृष्टि हो, तो 'चंड योग' होता है।

फलः इस योग में जन्म लेने वाले जातक को 65वें वर्ष में प्रबल राजयोग होता है।

टिप्पणीः एक चंड योग नं. 87 में भी दिया गया है। यह उससे भिन्न है।

96. नाग योग (तीसरा)

परिभाषाः यदि कुंडली में लग्न से नवम का स्वामी सप्तम से नवम (अर्थात् लग्न से तीसरे) हो तथा उस पर बृहस्पति की पूर्ण दृष्टि हो, तो 'नाग योग' होता है।

फलः इस योग में जन्म लेने वाले जातक का 8वें वर्ष से ही भाग्योदय हो जाता है।

टिप्पणीः पीछे नं. 61 व 89 में भी नाग योग दिए गए हैं, यह उनसे भिन्न है।

97. मुकुट योग

परिभाषाः यदि कुंडली में नवम से नवम अर्थात् लग्न से पंचम भाव में बृहस्पति स्थित हो तथा पंचमेश शुभ ग्रह से युत हो और दशम में शनि हो, तो 'मुकुट योग' का सृजन होता है।

फलः इस योग में जन्म लेने वाले जातक को 63वें वर्ष में प्रबल राजयोग होता है।

98. चित्र योग

परिभाषाः यदि दूसरे घर का स्वामी लग्न से नवम भाव में हो, नवमेश लाभ भाव में हो और लग्नेश अपनी उच्च राशि में परमोच्च अंश पर हो, तो 'चित्र योग' होता है।

फलः इस योग में उत्पन्न जातक साहसी तथा भाग्यवान होता है। उसे वृद्धावस्था में प्रबल राजयोग होता है।

99. वृष्टि योग

परिभाषाः यदि चर लग्न हो, रात्रि में जन्म हो, शनि तुला राशि में चंद्रमा के साथ दशम भाव में स्थित हो, तो 'वृष्टि योग' का सृजन होता है।

फलः इस योग में जन्म लेने वाले जातक का 30वें वर्ष में भाग्योदय हो जाता है।

टिप्पणीः यह योग केवल मकर लग्न वाली कुंडली में ही घटित हो सकता है।

100. चंडिका योग

परिभाषाः यदि लग्न स्थिर हो, लग्न पर षष्ठेश की दृष्टि हो तथा षष्ठेश जिस नवांश में हो, उस नवांश का स्वामी लग्न से नवम भाव में सूर्य के साथ हो, तो 'चंडिका योग' होता है।

फलः ऐसे जातक का 21वें वर्ष में भाग्योदय हो जाता है।

101. नाडिका योग

परिभाषाः यदि लग्नेश बृहस्पति हो और दशम स्थान में स्थित हो, सप्तमेश चंद्रमा से दूसरे स्थान में स्थित हो तथा लग्न में शुभ ग्रह हो, तो 'नाडिका योग' होता है।

फलः इस योग वाले जातक का 12वें वर्ष में ही भाग्योदय हो जाता है।

टिप्पणीः यह योग धनु लग्न की अपेक्षा मीन लग्न वाली कुंडली में विशेष प्रबल होगा। यदि चंद्रमा भी वृष राशि में होगा, तो योग सर्वोत्तम होगा, तब बुध भी स्वराशिगत हो जाएगा।

102. कंदुक योग

परिभाषाः यदि दशमेश नवम भाव में स्थित हो, द्वितीयेश धन भाव में ही हो तथा लग्नेश चतुर्थ भाव में स्थित हो, तो 'कंदुक योग' का सृजन होता है।

फलः इस योग में जन्म लेने वाला जातक धनवान, ज़मीन-जायदाद का स्वामी एवं भाग्यशाली होता है। उसका भाग्योदय 16 वर्ष की आयु में ही प्रारंभ हो जाता है।

103. मुसल योग

परिभाषाः यदि दशम स्थान में राहु हो, दशमेश अपनी उच्च राशि में हो तथा दशमेश पर शनि की दृष्टि हो, तो 'मुसल योग' होता है।

फलः इस योग में जन्म लेने वाले को अच्छी धन-समृद्धि प्राप्त होती है। इस योग वाला जातक प्रायः बड़ा व्यापारी एवं भाग्यशाली होता है।

104. चंद्रिका योग

परिभाषाः नवम भाव का स्वामी जिस नवांश में हो, उस नवांश का स्वामी भाग्येश के साथ बैठा हो तथा लग्न से पंचम भाव में मंगल स्थित हो, तो 'चंद्रिका योग' होता है।

फलः इस योग में जन्म लेने वाले जातक का 21वें वर्ष में भाग्योदय होता है।

टिप्पणीः यहां यह विचारणीय है कि मंगल यदि स्वराशि या उच्चराशि में न हो, तो पंचम भाव में बैठकर संतान कष्ट भी करेगा।

105. रूप योग

परिभाषाः कुंडली में राहु जिस राशि में हो, उस राशि का स्वामी जिस राशि में हो, वहां से पंचम या नवम स्थान में मंगल व सूर्य की युति हो, तो 'रूप योग' का सृजन होता है।

फलः यह भी एक प्रबल राजयोग है। इस योग वाले जातक का 13वें वर्ष से ही भाग्योदय आरंभ हो जाता है।

106. चंड योग (तीसरा)

परिभाषाः यदि तृतीयेश उच्च हो, तृतीय भाव में बृहस्पति हो तथा शुक्र की बृहस्पति पर दृष्टि हो, तो यह 'चंड योग' होता है।

फलः इस योग वाले जातक का 13वें वर्ष से ही भाग्योदय हो जाता है।

टिप्पणीः पहले भी इस नाम के दो योग दिए गए हैं, यह उनसे भिन्न है, तभी इसे तीसरा लिखा गया है। यह तीनों चंड योग शत मंजरी राजयोग के हैं।

107. रसातल योग

परिभाषाः यदि कुंडली में बारहवें भाव का स्वामी अपनी उच्च राशि में परमोच्च अंश में हो और शुक्र द्वादश स्थान में हो तथा उस पर शुभ

स्थान के स्वामी की दृष्टि हो, तो 'रसातल योग' होता है।

फलः इस योग में जन्म लेने वाले जातक का भाग्योदय वृद्धावस्था में विशेष होता है।

108. युग योग

परिभाषाः यदि कुंडली में चतुर्थेश शुभ ग्रह की राशि में, शुभ ग्रह के साथ बैठा हो और उस पर बृहस्पति की दृष्टि हो, तो 'युग योग' होता है।

फलः इस योग में जन्म लेने वाले जातक को भूमि, संपत्ति, सवारी आदि का विशेष सुख प्राप्त होता है।

टिप्पणीः इस योग की सृजना चतुर्थेश अर्थात् सुखेश की शुभ स्थिति से ही होती है, अतः जीवन सुखी व आनंदपूर्वक व्यतीत होता है। इसीलिए इसे भी राजयोगों में सम्मिलित किया गया है।

109. अंगुली योग

परिभाषाः नवांश कुंडली में पंचम भाव में जो राशि हो, उसका स्वामी लग्न कुंडली में यदि उच्च राशि में स्थित हो तथा लग्न से दशम स्थान के स्वामी के साथ हो, तो 'अंगुली योग' का सृजन होता है।

फलः इस राजयोग में जन्म लेने वाले जातक का भाग्योदय बारहवें वर्ष में ही हो जाता है।

110. भोग योग

परिभाषाः यदि कुंडली में बृहस्पति दशम भाव में हो तथा दशम भाव का स्वामी नवम भाव के स्वामी के द्रेष्काण में हो, तो 'भोग योग' होता है।

फलः इस योग में जन्म लेने वाले जातक का 45वें वर्ष में भाग्योदय होता है।

111. गरुड़ योग

परिभाषाः चंद्रमा जिस नवांश में हो, उस नवांश का स्वामी यदि

लग्न कुंडली में शुभ ग्रह के साथ हो तथा शुक्ल पक्ष में दिन में जन्म हो, तो 'गरुड़ योग' होता है।

फलः गरुड़ योग में जन्म लेने वाले व्यक्ति का भाग्योदय 27वें वर्ष में होता है।

112. देव योग

परिभाषाः यदि द्रेष्काण कुंडली में लग्न द्रेष्काण का स्वामी जन्म लग्नेश हो तथा नवांश कुंडली में नवांश कुंडली का स्वामी जन्म कुंडली का भाग्येश हो, तो 'देव योग' होता है।

फलः इस राजयोग में जन्म लेने वाले जातक का भाग्योदय विशेष रूप से 32वें वर्ष से हो जाता है।

113. वज्र योग

परिभाषाः यदि कुंडली में लग्न से नवम स्थान में बृहस्पति, शुक्र तथा लाभेश तीनों स्थित हों तथा इन पर धनेश की दृष्टि हो, तो 'वज्र योग' होता है।

फलः इस योग में जन्म लेने वाले जातक का 28वें वर्ष में प्रबल भाग्योदय होता है।

टिप्पणीः यह योग केवल मिथुन, तुला, मकर व मीन लग्न वाली कुंडलियों पर ही घटित हो सकता है।

114. रज्जु योग

परिभाषाः जन्म लग्न से नवम स्थान का स्वामी द्वादशांश कुंडली में जिस राशि में हो, यदि जन्म कुंडली में उसी राशि में जन्म लग्न से पंचम भाव का स्वामी पूर्ण चंद्रमा के साथ स्थित हो, तो 'रज्जु योग' होता है।

फलः इस राजयोग में जन्म लेने वाले जातक को 18वें वर्ष में धनयोग होता है।

टिप्पणीः यह योग केवल पूर्णिमा के दिन जन्म लेने वाले जातक की कुंडली पर ही घटित हो सकता है, क्योंकि पूर्ण चंद्र केवल पूर्णिमा को होता है।

115. चक्र योग (दूसरा)

परिभाषाः जन्म कुंडली का लाभेश जिस द्रेष्काण राशि में हो, उस राशि से ग्यारहवीं राशि में जन्म कुंडली में यदि सूर्य स्थित हो और सूर्य पर मंगल की पूर्ण दृष्टि हो, तो 'चक्र योग' का सृजन होता है।

फलः इस योग में जन्म लेने वाले को 39वें वर्ष में राजयोग होता है।

टिप्पणीः क्रम-60 में भी चक्र योग दिया गया है, यह उससे भिन्न है।

116. गोल योग

परिभाषाः जन्म कुंडली में लग्न से नवम स्थान में बृहस्पति, शुक्र व पूर्ण चंद्र स्थित हों और नवांश कुंडली में लग्न नवांश में बुध स्थित हो, तो 'गोल योग' होता है।

फलः इस योग में जन्म लेने वाले जातक का बचपन (सात वर्ष की अवस्था) से ही भाग्योदय प्रारंभ हो जाता है।

टिप्पणीः यह योग भी केवल पूर्णिमा को जन्म लेने वाले जातक की कुंडली पर ही घटित हो सकता है, क्योंकि पूर्ण चंद्र केवल पूर्णिमा को ही होता है।

117. गो योग

परिभाषाः यदि कुंडली में सप्तमेश अपनी मूल-त्रिकोण राशि में स्थित हो तथा सप्तमेश के साथ धनेश की युति हो और लग्नेश अपनी उच्च राशि में हो, तो 'गो योग' का सृजन होता है।

फलः इस योग में जन्म लेने वाले जातक का विवाह उच्च कुल में होता है। जातक का भाग्योदय 18वें वर्ष से ही हो जाता है।

118. केदार योग

परिभाषाः यदि लग्न वर्गोत्तम हो (अर्थात् जन्म कुंडली में लग्न की जो राशि हो, नवांश कुंडली में भी लग्न की वही राशि हो) लग्नेश जन्म लग्न से नवम स्थान में हो तथा चंद्रमा जिस राशि में हो, उससे नवम स्थान में बृहस्पति हो, तो 'केदार योग' होता है।

फलः यह उत्तम भाग्य योग तथा प्रबल राजयोग है।

टिप्पणीः प्रथम तो वर्गोत्तम लग्न की प्रशंसा है, दूसरे लग्नेश का भाग्य स्थान में बैठना उत्तम है, तीसरे चंद्र से नवम गुरु की स्थिति भाग्य योग कारक है। इन तीनों योगों से केदार योग की सृजना होती है।

119. पाश योग

परिभाषाः यदि तृतीयेश लग्न से नवम स्थान में हो, लग्न से अष्टम में शुक्र हो तथा सूर्य जिस राशि में हो, उसमें शुभ ग्रह स्थित हो, तो 'पाश योग' होता है।

फलः इस योग में जन्म लेने वाले जातक का 23वें वर्ष में भाग्योदय होता है।

120. दाम योग

परिभाषाः यदि जन्म लग्न तथा नवांश लग्न में बृहस्पति स्थित हो, लग्न कुंडली में शुक्र की बृहस्पति पर दृष्टि हो तथा भाग्येश परमोच्चस्थ[3] हो, (जिस राशि व अंश में परमोच्च होता है, उस राशि व अंश में हो) तो 'दाम योग' का सृजन होता है।

फलः यह योग अच्छा भाग्य योग तथा धन योग है और 28वें वर्ष में जातक का भाग्योदय होता है।

121. वीणा योग

परिभाषाः यदि अष्टमेश व व्ययेश अपनी-अपनी उच्च राशि में होकर लग्न से तृतीय या जन्म राशि से तृतीय हों तथा जन्म लग्न से एकादश भाव का स्वामी जन्म लग्न से द्वितीय भाव में बैठा हो, तो 'वीणा योग' होता है।

फलः इस योग में जन्म लेने वाले जातक का 15वें वर्ष में भाग्योदय होता है।

---

3. कौन-सा ग्रह किस राशि व अंश में परमोच्च होता है, यह जानने के लिए देखिए हमारी पुस्तक 'आओ ज्योतिष सीखें' प्रकाशक—पुस्तक महल, दिल्ली।

122. वृष योग

परिभाषाः चंद्रमा जिस राशि में हो, उससे केंद्र में मंगल हो। चंद्रमा से एकादश में शुक्र हो तथा चंद्रमा से नवम में बृहस्पति हो, तो 'वृष योग' होता है।

फलः इस योग वाले जातक को 39वें वर्ष में राजयोग होता है।

123. मृग योग (दूसरा)

परिभाषाः यदि नवमेश लग्न से षष्ठ स्थान में हो तथा अष्टमेश अष्टम भाव से त्रिकोण में अर्थात् लग्न से चतुर्थ या द्वादश हो और नवमेश से दृष्ट हो, तो 'मृग योग' होता है।

फलः इस योग में 43वें वर्ष में राजयोग होता है।

टिप्पणीः पहले भी एक मृग योग क्रम-93 में दिया गया है, यह उससे भिन्न है।

124. लावण्य योग

परिभाषाः यदि नवम भाव का स्वामी चतुर्थेश के साथ लग्न में स्थित हो तथा तृतीयेश अपनी उच्च राशि में स्थित हो, तो 'लावण्य योग' का सृजन होता है।

फलः इस योग में जन्म लेने वाले जातक का भाग्योदय 32वें वर्ष में होता है।

125. माला योग

परिभाषाः यदि धन भाव का स्वामी धन भाव में ही हो तथा भाग्य स्थान का स्वामी भाग्य स्थान में ही हो और लाभ स्थान का स्वामी लाभ स्थान में ही हो, तो यह 'माला योग' होता है।

फलः इस योग में उत्पन्न जातक धनवान, उत्तम आय वाला, भाग्यवान होता है। उसका भाग्योदय 38वें वर्ष में होता है।

टिप्पणीः माला योग अलग प्रकार का है। यह शत मंजरी राजयोग का तीसवां योग है। दूसरे प्रकार के माला योग आगे दिए जा रहे हैं।

126. माला योग (दूसरा)

परिभाषाः यदि कुंडली में लग्न से सप्तम भाव तक सभी सात भावों में एक-एक ग्रह हो। कोई भाव खाली न हो, तो इसे 'माला योग' कहते हैं। माला योगों में सात ग्रहों (सूर्य-चंद्र-मंगल-बुध-बृहस्पति-शुक्र व शनि) को ही लिया जाता है। राहु-केतु को माला योगों में नहीं लिया जाता।

इसी प्रकार यदि सभी सातों ग्रह—'मेष' से 'तुला' राशि तक सभी भावों में एक-एक ग्रह हो, कोई भाव खाली न हो, तो भी माला योग का सृजन होता है।

फलः यह उत्तम राजयोग है।

टिप्पणीः माला योगों में राहु-केतु कहीं भी हों, इसका विचार नहीं किया जाता। केवल सूर्य से शनि तक सात ग्रहों की स्थिति का विचार किया जाता है। राहु-केतु चाहे इनमें से किसी ग्रह के साथ हों या न हों, इससे कोई फर्क नहीं पड़ता।

127. कीर्ति माला योग

परिभाषाः राहु व केतु को छोड़, शेष सातों ग्रह यदि कुंडली में मेष राशि से सिंह राशि तक पांच राशियों में ही हों। इन पांच राशियों में से कोई भी राशि ग्रह रहित न हो, तो 'कीर्ति माला योग' होता है अथवा जन्म लग्न से लेकर पंचम भाव तक इन पांच भावों में ही सभी सात ग्रह स्थित हों तथा कोई भी भाव (इन पांच में से) ग्रह रहित न हो, तो कीर्ति माला योग का सृजन होता है।

फलः कीर्ति माला योग भी प्रसिद्ध माला योगों में एक प्रमुख योग है। यह भाग्यकारक योग है।

टिप्पणीः यह योग तभी फलदायी होगा, जब सभी सात ग्रहों में से कोई भी अपनी नीच राशि में न हो। एक भी ग्रह नीच राशि में होने से योग पूर्ण फलदायी नहीं होगा। सभी माला योग राजयोगों के अंतर्गत आते हैं।

128. रत्नावली माला योग

परिभाषाः यदि वृष राशि से कन्या राशि तक पांच राशियों में ही

अथवा द्वितीय स्थान से षष्ठ स्थान तक पांच स्थानों में ही सभी सातों ग्रह स्थित हों, इन पांचों राशियों अथवा पांचों भावों में से कोई भी ग्रह रहित न हो तथा कोई भी ग्रह नीच राशि में न हो, तो यह 'रत्नावली माला योग' होता है।

फलः यह योग भी उत्तम भाग्यकारक राजयोग है।

129. विक्रम माला योग

परिभाषाः यदि कुंडली में सभी सातों ग्रह तृतीय भाव से नवम भाव तक स्थित हों, इन सातों भावों में कोई भी भाव ग्रह रहित न हो तथा बीच के दोनों केंद्रों (चतुर्थ व सप्तम भाव) में शुभ ग्रह हों या सभी सातों ग्रह मिथुन राशि से धनु राशि तक सातों राशियों में हों, कोई राशि ग्रह रहित न हो तथा बीच के केंद्रों में शुभ ग्रह हों, तो 'विक्रम माला योग' होता है।

फलः यह योग भी उत्तम भाग्यकारक राजयोग है।

130. बंधु माला योग

परिभाषाः यदि चतुर्थ स्थान से दशम स्थान तक के सात भावों में ही सभी सात ग्रह स्थित हों, कोई भाव ग्रहहीन न हो। ग्रह चाहे उच्च के हों या नीच राशि के, किंतु कोई भी ग्रह अस्त न हो, तो 'बंधु माला योग' होता है।

यदि सभी सातों ग्रह कर्क राशि से मकर राशि तक सभी सातों ही भावों में हों, कोई ग्रह अस्त न हो, तो भी 'बंधु माला योग' होता है।

फलः यह माला योग भी भाग्यकारक राजयोग है।

131. मंत्रि माला योग

परिभाषाः यदि कुंडली में सभी सातों ग्रह पंचम स्थान से एकादश स्थान तक स्थित हों, कोई भाव ग्रह रहित न हो अथवा सभी सातों ग्रह सिंह राशि से कुंभ राशि तक सभी सात राशियों में स्थित हों। इनमें से कोई भी राशि ग्रह रहित न हो, न ही कोई ग्रह अस्त हो, तो 'मंत्रि माला योग' होता है।

फलः यह योग भी एक उत्तम भाग्यकारक राजयोग है।

132. इंद्र माला योग

परिभाषाः यदि कुंडली में सभी सातों ग्रह षष्ठ भाव से द्वादश भाव तक के सातों भाव में स्थित हों, कोई भाव ग्रह रहित न हो तथा कोई ग्रह अस्त न हो, तो 'इंद्र माला योग' होता है। यदि सभी सातों ग्रह कन्या राशि से मीन राशि तक सातों राशियों में स्थित हों, कोई राशि ग्रह रहित न हो तथा कोई ग्रह अस्त न हो, तो 'इंद्र माला योग' होता है।

फल : दूसरे माला योगों की भांति यह इंद्र माला योग भी उत्तम भाग्यकारक राजयोग है।

133. काम माला योग

परिभाषाः यदि कुंडली में सभी सातों ग्रह सप्तम भाव से लग्न तक के सात भावों में स्थित हों, कोई भाव ग्रह रहित न हो, न ही कोई ग्रह अस्त हो, तो यह 'काम माला योग' होता है। इसी प्रकार यदि सभी सातों ग्रह तुला राशि से मेष राशि तक की सातों राशियों में स्थित हों, इनमें से कोई भी राशि ग्रह रहित न हो तथा कोई ग्रह अस्त न हो, तो 'काम माला योग' होता है।

फलः यह माला योग भी अन्य माला योगों की भांति भाग्यकारक राजयोग है।

134. धन माला योग

परिभाषाः यदि कुंडली में सभी सातों ग्रह अष्टम भाव से द्वितीय भाव तक सातों भावों में हों अथवा सभी सातों ग्रह वृश्चिक राशि से वृष राशि तक सातों ही राशियों में हों तथा उक्त सातों भावों में से कोई भी भाव अथवा उक्त सातों राशियों में से कोई भी राशि ग्रहहीन न हो, न ही कोई ग्रह अस्त हो, तो 'धन माला योग' का सृजन होता है।

फलः यह योग एक उत्तम राजयोग है।

135. शुभ माला योग

परिभाषाः यदि कुंडली में सभी सातों ग्रह नवम भाव से तृतीय भाव तक स्थित हों अथवा धनु राशि से मिथुन राशि तक स्थित हों। उक्त

सातों भावों या उक्त सातों राशियों में से कोई भी भाव या राशि ग्रहहीन न हो, न ही कोई ग्रह अस्त हो, तो 'शुभ माला योग' होता है।

फलः यह योग भी एक राजयोग है।

136. कीर्ति माला योग (दूसरा)

परिभाषाः यदि कुंडली में सभी सातों ग्रह दशम भाव से चतुर्थ भाव तक के सातों स्थानों में हों या मकर राशि से कर्क राशि तक की सातों राशियों में हों, उक्त सातों भाव या सातों राशि में से कोई भी ग्रहहीन न हो तथा कोई भी ग्रह अस्त न हो, तो 'कीर्ति माला योग' होता है।

फलः यह योग भी एक राजयोग है।

टिप्पणीः क्रम संख्या 127 में भी कीर्ति माला योग दिया गया है। यह उससे भिन्न है।

137. विजय माला योग

परिभाषाः यदि कुंडली में सभी सातों ग्रह ग्यारहवें भाव से पंचम भाव तक सभी सात भावों में स्थित हों अथवा कुंभ राशि से सिंह राशि तक सभी सातों राशियों में स्थित हों। उक्त भावों में से कोई भाव या उक्त राशियों में से कोई राशि ग्रह रहित न हो, तो 'विजय माला योग' होता है।

फलः यह योग भी एक उत्तम राजयोग है।

138. पतन माला योग

परिभाषाः यदि कुंडली में सभी सातों ग्रह द्वादश भाव से षष्ठ भाव तक सातों भावों में स्थित हों या मीन राशि से कन्या राशि तक सातों राशियों में स्थित हों, इन सातों भावों या सातों राशियों में से एक भी ग्रह रहित न हो तथा कोई भी ग्रह अस्त न हो, तो 'पतन माला योग' होता है।

फलः यह योग भी राजयोग है।

139. माला योग (तीसरा)

परिभाषाः यदि कुंडली में तीन केंद्रों में शुभ ग्रह हों, तो 'माला योग' होता है।

फलः इस योग में जन्म लेने वाला जातक भाग्यवान होता है। अर्थात् उसे सब प्रकार के भौतिक सुख-साधन, पद, यश आदि उपलब्ध होते हैं।

टिप्पणीः क्रम 125 व 126 में भी माला योग दिए गए हैं, यह उनसे भिन्न है।

अन्य विभिन्न राजयोग

140. वसुमती योग

परिभाषाः यदि षष्ठेश या सप्तमेश जन्म लग्न कुंडली में अपनी उच्च राशि में दशम भाव के स्वामी के साथ नवम भाव में स्थित हो, तो 'वसुमती योग' होता है।

फलः इस योग में उत्पन्न जातक का 40वें वर्ष से भाग्योदय होना प्रारंभ हो जाता है और 49वें वर्ष से पूर्ण भाग्योदय, धन, अधिकार आदि की वृद्धि होती है।

141. सुख योग

परिभाषाः यदि कुंडली में द्वितीयेश या भाग्येश चंद्रमा से केंद्र में हो, तो 'सुख योग' होता है।

फलः इस योग में उत्पन्न जातक चिंता से मुक्त व सुखी होता है। सत्कर्म करता है तथा 16 वर्ष की आयु से ही उसका सुप्रभाव आरंभ हो जाता है।

टिप्पणीः यह योग मीन व कन्या लग्न वाली कुंडलियों में अधिक प्रभावशाली होगा, क्योंकि तब द्वितीयेश व भाग्येश एक ही ग्रह होगा। कन्या लग्न की कुंडली में यह योग मीन लग्न से भी अधिक शुभ फलदायी होगा, क्योंकि द्वितीयेश व भाग्येश शुक्र शुभ ग्रह है।

142. साम्राज्य योग

परिभाषाः यदि कुंडली में बृहस्पति द्वितीय या नवम भाव का स्वामी हो और नवमेश जिस नवांश में हो उस नवांश का स्वामी बृहस्पति से युक्त हो, और दोनों द्वितीय भाव में स्थित हों, तो 'साम्राज्य योग' होता है।

फलः इस योग में जन्म लेने वाला जातक बहुत भाग्यशाली व उच्च पदाधिकारी होता है।

143. अर्थ योग

परिभाषाः यदि कुंडली में द्वितीयेश व चतुर्थेश नवम भाव में स्थित हों तथा लग्नेश अपनी उच्च राशि में होकर लाभ भाव में हो तथा नवमेश बली होकर धन भाव में स्थित हो, तो 'अर्थ योग' का सृजन होता है।

फलः इस योग वाला जातक अत्यंत धनी होता है तथा भाग्यशाली होता है।

टिप्पणीः यह योग केवल वृष लग्न वाली कुंडली पर ही घटित हो सकता है, क्योंकि अन्य लग्नों में लग्नेश अपनी उच्च राशि में एकादश भाव में नहीं हो सकता।

144. त्रिकूट योग

परिभाषाः यदि कुंडली में लग्न चर राशि का हो तथा बृहस्पति लग्न में स्थित हो अथवा लग्न स्थिर राशि का हो, तथा लग्न में शुक्र स्थित हो अथवा लग्न द्विस्वभाव राशि का हो और लग्न में बुध स्थित हो, तो 'त्रिकूट योग' का सृजन होता है।

फलः इस योग में जन्म लेने वाला जातक भूमि का अधिपति होता है या बहुत से लोग उसके नीचे काम करते हैं।

145. रवि योग

परिभाषाः यदि कुंडली में लग्न से दशम भाव में सूर्य स्थित हो तथा दशमेश लग्न से तीसरे भाव में स्थित हो, तो 'रवि योग' का सृजन होता है।

फलः इस योग में जन्म लेने वाला व्यक्ति विद्वान, बुद्धिमान, भूमिपति तथा उच्च पदाधिकारी होता है।

146. कामिनी योग

परिभाषाः यदि कुंडली में द्वितीय भाव में वृहस्पति, चतुर्थ भाव में शुक्र, सप्तम भाव में चंद्रमा, दशम भाव में मंगल हो तथा लग्नेश शुभ ग्रह से युत हो, तो 'कामिनी योग' का सृजन होता है।

फलः इस योग में जन्म लेने वाला जातक दीर्घायु तथा भाग्यशाली होता है।

147. अमरक योग

परिभाषाः यदि कुंडली में सप्तमेश व नवमेश दोनों बली हों तथा सप्तमेश व नवमेश का राशि परिवर्तन योग हो, अर्थात् सप्तमेश नवम भाव में बैठा हो और नवमेश सप्तम भाव में बैठा हो, तो 'अमरक योग' होता है।

फलः इस योग में उत्पन्न जातक भाग्यशाली होता है। उसे स्त्री सुख भी बहुत अच्छा प्राप्त होता है। 50वें वर्ष से विशेष भाग्योदय होता है।

148. नालीक योग

परिभाषाः यदि कुंडली में पंचमेश नवम भाव में स्थित हो तथा लाभेश व चंद्रमा दोनों द्वितीय भाव में हों, तो 'नालीक योग' होता है।

फलः इस योग में जन्म लेने वाला जातक अत्यधिक सम्मान प्राप्त करता है। दानवीर भी होता है। 50वें वर्ष से विशेष समृद्धि होती है।

149. धूम योग

परिभाषाः यदि शनि अपनी उच्च राशि में लग्न से दशम भाव में हो तथा मंगल जिस नवांश में हो उसका स्वामी पंचम या नवम भाव में हो, तो 'धूम योग' होता है।

फलः यह उत्तम भाग्य योग है। इसका विशेष प्रभाव 58 से 67 वर्ष की अवस्था में होता है।

150. भद्र योग

परिभाषाः यदि कुंडली में चंद्रमा व बृहस्पति लग्न से द्वितीय भाव में हों और द्वितीयेश लगन से एकादश भाव में हो तथा लग्नेश शुभ ग्रह से युत हो, तो 'भद्र योग' होता है।

फलः इस योग में उत्पन्न जातक बुद्धिमान, अपने कार्य में कुशल व सफल तथा उच्च पदाधिकारी होता है। वैसे तो इस योग का प्रभाव

समस्त जीवनकाल में रहता है, किंतु विशेष प्रभाव 50 और 53 वर्ष की अवस्था के बीच होता है।

151. धर्म योग

परिभाषाः यदि कुंडली में बृहस्पति, शुक्र तथा लाभेश तीनों ही नवम स्थान में हों तथा इन पर धनेश की पूर्ण दृष्टि हो, तो 'धर्म योग' होता है।

फलः इस योग में जन्म लेने वाला जातक दानी, संग्राम में रुचि रखने वाला एवं विजयी होता है।

152. गोल योग (दूसरा)

परिभाषाः यदि कुंडली में पूर्ण चंद्र, बृहस्पति व शुक्र नवम भाव में स्थित हों तथा बुध की लग्नेश पर दृष्टि हो या बुध लग्नेश के साथ हो, तो 'गोल योग' होता है।

फलः इस योग में जन्म लेने वाला जातक विद्वान, विनयवान, धनवान, भू-संपत्ति का स्वामी तथा समृद्ध होता है।

टिप्पणीः क्रम संख्या 116 में भी गोल योग दिया गया है। यह उससे भिन्न है।

153. श्रीमती योग

परिभाषाः यदि कुंडली में लग्नेश नवम या दशम भाव में स्थित हो तथा लग्नेश पर बृहस्पति की दृष्टि हो, साथ ही नवमेश व दशमेश का परस्पर स्थान विनिमय हो अर्थात् नवमेश दशम भाव में तथा दशमेश नवम भाव में स्थित हो, तो 'श्रीमती योग' होता है।

फलः इस योग में जन्म लेने वाला जातक दीर्घायु, भाग्यशाली एवं उच्च पदाधिकारी होता है।

154. मरुत योग

परिभाषाः यदि कुंडली में लग्न से तृतीय भाव या षष्ठ भाव या अष्टम भाव में राहु स्थित हो तथा लग्न में शुभ ग्रह हो, तो 'मरुत योग' होता है।

फलः इस योग में उत्पन्न जातक पाप कर्म नहीं करता तथा उसको कभी भी विपत्ति नहीं घेरती।

155. राजपद योग

परिभाषाः यदि लग्न व चंद्र दोनों वर्गोत्तम हों और उन्हें चार ग्रह देखते हों, तो 'राजपद योग' होता है।

फलः इस योग में जन्म लेने वाला जातक राजा के समान वैभवशाली व भाग्यवान होता है।

टिप्पणीः जन्म लग्न कुंडली में लग्न जिस राशि का हो नवांश कुंडली में भी लग्न उसी राशि का होने पर लग्न वर्गोत्तम होता है। इसी प्रकार चंद्रमा लग्न कुंडली तथा नवांश कुंडली में एक ही राशि में होने पर चंद्रमा वर्गोत्तम होता है।

156. त्रिलोचन योग

परिभाषाः यदि सूर्य, चंद्र और मंगल तीनों पूर्ण बली होकर त्रिकोण में हों, तो 'त्रिलोचन योग' होता है।

फलः इस योग में जन्म लेने वाला जातक बुद्धिमान, विद्वान, धनी, समृद्ध एवं शत्रुओं पर विजय प्राप्त करने वाला होता है।

टिप्पणीः यहां यह विचारणीय है कि चंद्रमा पूर्ण बली कैसे होगा? चंद्रमा तो केवल पूर्णिमा को ही पूर्ण बली होता है। जब सूर्य एक त्रिकोण में होगा, तो चंद्रमा दूसरे त्रिकोण में सूर्य से पांचवें स्थान में होकर बली तो होगा, किंतु बली के साथ 'पूर्ण' शब्द चरितार्थ नहीं हो पाएगा।

157. कलानिधि योग (दूसरा)

परिभाषाः तृतीयेश व लाभेश दोनों सप्तमभाव में हों, सप्तमेश उच्च का होकर बारहवें भाव में हो तथा द्वादशेश बृहस्पति के साथ भाग्य स्थान में हो।

फलः कलानिधि योग में जन्म लेने वाला जातक बहुत प्रसिद्धि प्राप्त करता है।

158. भूप योग

परिभाषाः यदि कुंडली में लग्न से दशम भाव में चंद्रमा स्थित हो

और दशमेश अपनी उच्च राशि में हो तथा भाग्येश लग्न से द्वितीय स्थान में हो, तो 'भूप योग' का सृजन होता है।

फलः इस योग में जन्म लेने वाला जातक बहुत धनवान, भाग्यवान तथा उच्च पदाधिकारी होता है।

159. छत्र योग

परिभाषाः यदि कुंडली में सभी सातों ग्रह सप्तम भाव से लेकर लग्न तक स्थित हों, तो 'छत्र योग' का सृजन होता है।

फलः इस योग में जन्म लेने वाला जातक स्वजनों को सुखी करने वाला होता है। वृद्धावस्था में सुख प्राप्त करता है, अर्थात् वृद्धावस्था में उसका विशेष भाग्योदय होता है।

160-163. गदा योग

परिभाषाः यह योग चार प्रकार के हैं :

(1) यदि कुंडली में सभी सातों ग्रह प्रथम (लग्न) तथा दशम इन दोनों भावों में हों।

(2) यदि कुंडली में सभी सातों ग्रह दशम तथा सप्तम, इन दोनों भावों में हों।

(3) यदि कुंडली में सभी सातों ग्रह सप्तम तथा चतुर्थ इन दोनों भावों में हों।

(4) यदि कुंडली में सभी सातों ग्रह लग्न तथा चतुर्थ भाव इन दोनों भावों में हों।

फलः गदा योग में जन्म लेने वाला जातक यज्ञ करने वाला अर्थात् धार्मिक व्यक्ति होता है। वह सर्वदा धन में रुचि रखने वाला व धन कमाने में उद्यत होता है। ऐसा जातक भाग्यशाली होता है।

164-171. अर्धेंदु योग

परिभाषाः अर्धेंदु योग आठ प्रकार के हैं :

(1) यदि कुंडली में सभी सातों ग्रह द्वितीय भाव से अष्टम भाव तक हों, कोई भाव बीच में खाली न हो।

(2) सभी सातों ग्रह तृतीय भाव से नवम भाव तक हों, बीच में कोई भाव ग्रह रहित न हो।

(3) सभी सातों ग्रह पंचम भाव से एकादश भाव तक हों, बीच में कोई भाव ग्रहहीन न हो।

(4) सभी सातों ग्रह षष्ठ भाव से द्वादश भाव तक हों, बीच में कोई भाव ग्रहहीन न हो।

(5) सभी सातों ग्रह अष्ट भाव से द्वितीय भाव तक हों, बीच में कोई भाव ग्रह रहित न हो।

(6) सभी सातों ग्रह नवम भाव से तृतीय भाव तक हों, बीच में कोई भाव ग्रह रहित न हो।

(7) सभी सातों ग्रह एकादश भाव से पंचम भाव तक सभी भावों में हों। कोई भाव ग्रह रहित न हो।

(8) सभी सातों ग्रह द्वादश भाव से षष्ठ भाव तक सभी भावों में स्थित हों। कोई भाव ग्रह रहित न हो।

फलः अर्धेंदु योग में उत्पन्न जातक सुंदर शरीर वाला, सर्वजन प्रिय, प्रधान व्यक्ति होता है।

172. यूप योग

परिभाषाः यदि कुंडली में सभी सातों ग्रह लग्न से लेकर चतुर्थ भाव तक चारों भावों में हों और इन चारों भावों में से कोई भी भाव ग्रह रहित न हो, तो 'यूप योग' का सृजन होता है।

फलः इस योग में जन्म लेने वाला जातक श्रेष्ठ धार्मिक कार्यों में संलग्न रहता है, त्यागी, अप्रमादी तथा भाग्यशाली होता है।

173. अब्धि योग

परिभाषाः यदि कुंडली में सभी सातों ग्रह द्वितीय, चतुर्थ, षष्ठ, अष्टम, दशम तथा द्वादश इन छः ही भावों में हों, इन छः भावों में कोई भी भाव ग्रह रहित न हो, तो 'अब्धि योग' होता है। अब्धि समुद्र को कहते हैं, तभी इस योग को समुद्र योग भी कहते हैं।

फलः इस योग में जन्म लेने वाला जातक राजा के समान वैभवशाली होता है। अर्थात् यह योग धन, सुख, भाग्य, भोग्य के लिए अच्छा है।

174. चक्र योग (तीसरा)

परिभाषाः यदि कुंडली में सभी सातों ग्रह लग्न, तृतीय, पंचम, सप्तम, नवम तथा एकादश, इन छः भावों में ही स्थित हों तथा इन छः भावों में से कोई भी भाव ग्रह रहित न हो, तो 'चक्र योग' होता है।

फलः इस योग में जन्म लेने वाला जातक राजा के समान होता है, अर्थात् बहुत सम्मानित पदवी प्राप्त करता है। धन-ऐश्वर्य-प्रतापशाली एवं भाग्यवान होता है।

टिप्पणीः क्रम 60 व 115 में भी चक्र योग दिया गया है, यह उससे भिन्न है।

175. शृंगाटक योग

परिभाषाः यदि कुंडली में सभी सातों ग्रह लग्न, पंचम व नवम इन तीनों स्थानों में हों, तो 'शृंगाटक योग' होता है।

फलः इस योग में जन्म लेने वाला जातक मधुरभाषी व धार्मिक प्रवृत्ति का होता है। वृद्धावस्था में विशेष सुखी होता है।

176. कमल योग

परिभाषाः यदि कुंडली में सौम्य एवं पाप, सब ग्रह मिले-जुले चारों केंद्रों में हों, तो 'कमल योग' का सृजन होता है।

फलः इस योग में जन्म लेने वाला जातक बहुत गुणवान, विख्यात, कीर्तिवान और अमित-सौख्यशाली होता है।

177. रज्जु योग (दूसरा)

परिभाषाः यदि कुंडली में सभी सातों ग्रह मेष, कर्क, तुला व मकर इन राशियों में (इनमें से एक में, दो में, तीन में या चारों ही में) हों, तो 'रज्जु योग' होता है।

फलः इस योग में जन्म लेने वाला जातक पुण्यात्मा होता है। विदेश में निवास करने वाला तथा उच्च पदवी प्राप्त करने वाला होता है। उसे सभी भौतिक सुख उपलब्ध रहते हैं।

178. श्रृंगाटक योग (दूसरा)

परिभाषाः यदि कुंडली में लग्न, पंचम तथा नवम तीनों भावों में शुभ ग्रह हों, तो 'श्रृंगाटक योग' की सृजना होती है।

फलः इस योग में जन्म लेने वाले जातक के जीवनकाल को यदि तीन भागों में बांटा जाए, तो जीवन का प्रथम भाग कठिनाइयों में बीतता है। दूसरे व तीसरे भाग में समृद्धि होती है।

टिप्पणीः क्रम 175 में भी श्रृंगाटक योग दिया गया है। यह उससे भिन्न है।

179. क्षेम योग

परिभाषाः यदि कुंडली में लग्न, अष्टम, नवम तथा दशम, यह चारों भाव अपने-अपने स्वामी से युत हों, तो 'क्षेम योग' होता है।

फलः इस योग में जन्म लेने वाला जातक पुण्यात्मा, दीर्घायु तथा भाग्यशाली होता है।

टिप्पणीः यह योग केवल कर्क, सिंह, वृश्चिक, धनु, मकर एवं कुंभ लग्न की कुंडलियों पर ही लागू हो सकता है।

180. धनाकर्षण योग

परिभाषाः यदि कुंडली में लाभेश नवम भाव में, नवमेश सप्तम भाव में, सप्तमेश पंचम भाव में तथा पंचमेश तृतीय भाव में स्थित हो, तो 'धनाकर्षण योग' होता है।

फलः इस योग में जन्म लेने वाला जातक अनेक उपायों द्वारा धनोपार्जन करता है अर्थात् आय के स्रोत अनेकों होने से अत्यंत धनवान होता है।

181. गजकेसरी योग

परिभाषाः यदि कुंडली में चंद्रमा व बृहस्पति परस्पर केंद्र में हों अथवा दोनों की युति हो, तो 'गजकेसरी' नाम का योग होता है।

यह ज्योतिष शास्त्र का प्रसिद्ध राजयोग है। प्रायः सभी प्राचीन ज्योतिष ग्रंथों में इसका उल्लेख मिलता है। मंत्रेश्वर महाराज ने इसका नाम केसरी योग दिया है, जबकि अन्य सभी ग्रथों में इसे 'गजकेसरी योग'

ही लिखा है। परिभाषा सबने एक समान दी है, किंतु फल में कुछ भिन्नता भी है। हम सबका समन्वय करके फल लिख रहे हैं।

फलः इस योग में जन्म लेने वाला केसरी (शेर) की भांति शत्रु वर्ग को पछाड़ देता है। जातक सुंदर, सद्‌गुणी, विनम्र, तीव्र बुद्धि, धन-वैभव संपन्न, तेजस्वी, मेधावी, अपने स्वाभाविक तेज से ही दूसरों को प्रभावित कर देने वाला एवं अपने सुकार्यों से प्रशंसित होता है। समाज का मुखिया व लोकप्रिय होता है।

टिप्पणीः कुंडली में चंद्रमा व गुरु की स्थिति जितनी अच्छी होगी, उसी के अनुसार यह योग शुभ फलदायक होगा। वृश्चिक लग्न कुंडली में नवम भाव कर्क राशि में चंद्र व गुरु यदि 3 अंश पर हों, तो यह इस योग की उत्कृष्ट स्थिति होगी। तब चंद्रमा व गुरु दोनों वर्गोत्तम भी होंगे तथा जन्म कुंडली व नवांश कुंडली दोनों में क्रमशः स्वराशिस्थ व उच्च राशिस्थ होंगे।

पंच महापुरुष योग

कुंडली में यदि मंगल, बुध, बृहस्पति, शुक्र और शनि इन पांचों में से कोई एक ग्रह भी अपनी स्वराशि अथवा उच्चराशि का होकर केंद्र में स्थित हो, तो 'महापुरुष योग' होता है। इन पांचों ग्रहों के आधार पर महापुरुष योग भी निम्नांकित पांच प्रकार के होते हैं जिन्हें पंच महापुरुष योग कहते हैं:

182. रुचक योग

परिभाषाः यदि कुंडली में केंद्र स्थान में मंगल स्वराशि (मेष-वृश्चिक) अथवा उच्च राशि (मकर) में स्थित हो, तो 'रुचक' नाम का प्रथम महापुरुष योग (राजयोग) का सृजन होता है।

फलः इस योग में जन्म लेने वाला जातक बहुत साहसी, शूरवीर, शत्रु विजयी तथा अभिमानी प्रकृति का, आकर्षक व्यक्तित्व वाला, प्रसिद्ध एवं प्रभावशाली तथा कीर्तिवान होता है।

टिप्पणीः यदि मंगल दशम भाव में उच्च राशि का हो। वक्री न हो, अस्त न हो, तो यह योग विशेष प्रभाव दिखाता है। ऐसा व्यक्ति

सेना, पुलिस अथवा राज्य में उच्च पदाधिकारी हो सकता है। अपने साहस से धन प्राप्त करता है। अपने गुणों के कारण प्रसिद्ध व लोकप्रिय होता है।

183. भद्र योग (दूसरा)

परिभाषाः यदि कुंडली में केंद्र स्थान में बुध अपनी उच्च राशि अथवा स्वराशि में स्थित हो, तो 'भद्र योग' का सृजन होता है।

फलः इस योग में जन्म लेने वाला जातक अत्यंत पराक्रमी, तीव्र बुद्धि वाला, चतुर, विशाल वक्षस्थल वाला, आकर्षक व्यक्तित्व वाला, बौद्धिक कार्यों में अत्यंत सफल, व्यापारिक कार्यों में अत्यंत प्रगति करने वाला, विद्वानों द्वारा प्रशंसित, धनवान, वैभवशाली तथा उच्च पदाधिकारी होता है।

टिप्पणीः यह पंच महापुरुष योग का दूसरा राजयोग है। यदि कुंडली में बुध उच्च राशि का हो, किंतु वक्री न हो तथा अस्त न हो, तो यह योग विशेष शुभ फलदायक हो जाता है। ऐसा जातक उच्च स्तरीय जीवन व्यतीत करता है।

184. हंस योग

परिभाषाः यदि कुंडली में केंद्र स्थान में बृहस्पति अपनी उच्च अथवा स्व-राशि में स्थित हो, तो 'हंस योग' का सृजन होता है।

फलः इस योग में जन्म लेने वाला जातक सुंदर, मधुरभाषी, बुद्धिमान, विद्वान, दूसरे की भलाई करने वाला, धार्मिक विचारों का, लोकप्रिय, प्रशंसित एवं दीर्घायु होता है। श्रेष्ठ व्यवहार के कारण वह दूसरों को भी अपना बना लेता है।

मंत्रेश्वर के अनुसार ऐसे जातक के हाथ और पैरों में शंख, कमल, मत्स्य व अंकुश के चिह्न होते हैं।

टिप्पणीः यह पंच महापुरुष योग का तीसरा राजयोग है। यदि कुंडली में बृहस्पति उच्च राशि में हो, वक्री न हो, अस्त न हो, बलवान हो, तो यह योग अच्छा प्रभाव दिखाता है।

185. मालव्य योग

परिभाषाः यदि कुंडली में केंद्र स्थान में शुक्र अपनी स्वराशि अथवा उच्च राशि में स्थित हो, तो 'मालव्य योग' की सृजना होती है।

फलः मालव्य योग में जन्म लेने वाला जातक सुंदर, संतुलित शरीर का, आकर्षक एवं कांतियुक्त होता है। ऐसा जातक बुद्धिमान, धनवान, प्रसिद्ध, उत्तम वाहनयुक्त, भोगी, विलासी, राग-रंग-सुंदरता प्रिय होता है। जातक को हर प्रकार के भौतिक सुखों की प्राप्ति रहती है। जातक उच्च शिक्षा प्राप्त, सुसंस्कृत, दीर्घायु तथा ख्यातिवान होता है।

टिप्पणीः यदि कुंडली में शुक्र उच्च राशि का होकर वक्री न हो, अस्त न हो, तो यह योग विशेष फलदायक होगा। यह पंच महापुरुष योग का चौथा राजयोग है।

186. शश योग

परिभाषाः यदि कुंडली में केंद्र स्थान में स्वराशि अथवा उच्च राशि में शनि स्थित हो, तो 'शश योग' होता है।

फलः शश योग में जन्म लेने वाला जातक अत्यंत प्रभावशाली, प्रभुता संपन्न, नीति निपुण, किसी वर्ग का मुखिया होता है। अच्छे-अच्छे लोग उसकी मातहती में काम करते हैं। ऐसा व्यक्ति सुखी व धनवान होता है।

टिप्पणीः यह पंच महापुरुष योग का पांचवां राजयोग है। यदि कुंडली में शनि उच्च राशि का हो किंतु वक्री न हो, और न ही अस्त हो, तब इस योग का विशेष फल मिल पाता है। उच्च का ग्रह वक्री होने पर नीच तुल्य हो जाता है। ग्रह नीच या अस्त होने पर योग निष्फल होता है।

विपरीत राजयोग

कुंडली में षष्ठ, अष्टम व द्वादश भाव को दुःस्थान कहा जाता है। इन भावों में जो ग्रह बैठ जाते हैं, वह उन भावों के फल का नाश करते हैं, जिनके वह स्वामी होते हैं।

इसी प्रकार इन दुःस्थानों के स्वामी जहां बैठ जाते हैं, उन भावों के फल का नाश कर देते हैं।

इस प्रकार जब एक दुःस्थान का स्वामी दूसरे दुःस्थान में बैठ जाए, तो उस दुःस्थान के अशुभ फल का नाश कर शुभ फलदायक एवं राजयोग प्रदाता हो जाता है। इसे 'विपरीत राजयोग' कहते हैं। विपरीत राजयोग तीन प्रकार से होता है :

(1) षष्ठेश द्वारा निर्मित होने वाला, इसे 'हर्ष योग' कहते हैं।
(2) अष्टमेश द्वारा निर्मित होने वाला, इसे 'सरल योग' कहते हैं।
(3) द्वादशेश द्वारा निर्मित होने वाला, इसे 'विमल योग' कहते हैं।

187. हर्ष योग

परिभाषाः यदि कुंडली में षष्ठेश (छठे भाव का स्वामी) कुंडली के अष्टम अथवा द्वादश भाव में बैठा हो तथा षष्ठ भाव व षष्ठेश पर कोई शुभ प्रभाव न हो अर्थात् किसी भी शुभ ग्रह की न तो षष्ठ भाव पर दृष्टि हो, न षष्ठेश के साथ युति हो, तो 'हर्ष योग' का सृजन होता है।

फलः इस योग में उत्पन्न जातक सुखी, धनी, विख्यात, यशस्वी होता है। उसे धन-पुत्र-मित्र का अच्छा सुख प्राप्त रहता है। भाग्यवान होता है।

188. सरल योग

परिभाषाः यदि कुंडली में अष्टमेश, कुंडली के षष्ठ या द्वादश भाव में स्थित हो तथा अष्टम भाव या अष्टमेश पर कोई शुभ प्रभाव न हो अर्थात् किसी शुभ ग्रह की अष्टमेश के साथ युति या अष्टम भाव पर दृष्टि न हो, तो 'सरल योग' नामक विपरीत राजयोग का सृजन होता है।

फलः सरल योग में उत्पन्न जातक दीर्घायु, निर्भय, विद्वान, शत्रु, विजयी, धनवान, पुत्रवान एवं विख्यात होता है।

189. विमल योग

परिभाषाः यदि कुंडली में द्वादशेश, कुंडली के षष्ठ या अष्टम भाव में स्थित हो तथा द्वादश भाव अथवा द्वादशेश पर कोई शुभ प्रभाव न हो अर्थात् किसी भी शुभ ग्रह की द्वादश भाव या द्वादशेश पर दृष्टि

या युति न हो, तो 'विमल योग' नाम के विपरीत राजयोग का सृजन होता है।

फलः विमल योग में जन्म लेने वाला जातक अल्पव्ययी, धनवान, स्वतंत्र, सुखी व विख्यात होता है।

टिप्पणीः साधारणतः शुभ ग्रहों द्वारा ही राजयोग का सृजन होता है। किंतु यहां इससे विपरीत अशुभ ग्रहों द्वारा राजयोग की बात है, इसीलिए इसे विपरीत राजयोग की संज्ञा दी गई है।

190. नीच भंग राजयोग

परिभाषाः नीच भंग राजयोग चार प्रकार के माने गए हैं, जो निम्नांकित हैं :

यदि कुंडली में कोई ग्रह नीच राशि में पड़ा हो और इस नीच राशि का स्वामी चंद्रमा से केंद्र में हो तथा जो ग्रह नीच राशि में है, उसका उच्च नाथ (ग्रह जिस राशि में उच्च का होता है, उस राशि का स्वामी) भी चंद्रमा से केंद्र में हो, तो नीच भंग होकर उत्तम राजयोग का सृजन होता है।

फलः नीच भंग राजयोग में जन्म लेने वाला जातक सुखी, संपन्न; पुत्रवान और यशस्वी होता है।

191. नीच भंग राजयोग (दूसरा)

परिभाषाः यदि कुंडली में कोई ग्रह नीच राशि में स्थित हो और इस नीच राशि का स्वामी तथा जो ग्रह नीच का है, उसका उच्च नाथ दोनों परस्पर केंद्र में हों, तो 'नीच भंग राजयोग' का सृजन होता है।

फलः इस योग में जन्म लेने वाला जातक धन, संपत्ति, यश और उच्च पारिवारिक सुख भोगता है।

टिप्पणीः यह राजयोग तभी उत्तम होगा, जब नीच राशि का स्वामी तथा उच्च नाथ कोई भी दुःस्थान (छठे, आठवें, बारहवें भाव) में न हो, अन्यथा राजयोग निर्बल होगा।

192. नीच भंग राजयोग (तीसरा)

परिभाषाः यदि कुंडली में कोई ग्रह नीच राशि में स्थित हो, तो जिस राशि में नीच ग्रह स्थित है, उस राशि का स्वामी यदि नीच ग्रह को पूर्ण

दृष्टि से देखता हो, तो 'नीच भंग राजयोग' का सृजन होता है।

फलः इस योग में जन्म लेने वाला जातक भौतिक सुख, संपदा, उच्च पद और यश का भोग करता है।

टिप्पणीः यदि यह नीच ग्रह छठे, आठवें, बारहवें भाव में हो, तो इतना अच्छा राजयोग नहीं होगा, किंतु यदि सुस्थान में हो तो बहुत उत्तम नीच भंग राजयोग बनता है।

193. नीच भंग राजयोग (चौथा)

परिभाषाः यदि कुंडली में कोई ग्रह नीच राशि में स्थित हो, तो इस नीच राशि का स्वामी अथवा नीच ग्रह का उच्च नाथ, इन दोनों में से एक भी जन्म लग्न या चंद्र लग्न से केंद्र में हो, तो 'नीच भंग राजयोग' का सृजन होता है।

फलः इस योग में जन्म लेने वाला जातक धन, भूमि, प्रतिष्ठा और पुत्र, पत्नी आदि का सुख भोग करता है।

टिप्पणीः नीचत्व भंग राजयोग के विषय में विद्वानों में बहुत मतभेद है। कुछ विद्वान 20-30 की संख्या में नीचत्व भंग राजयोग मानते हैं, किंतु हमने यहां मात्र वही योग दिए हैं, जो सर्वमान्य हैं।

विशेष राजयोग

194. यदि किसी कुंडली में लग्नेश वर्गोत्तम होकर 1-4-7-9-10 भावों में से किसी भाव में पड़ा हो तथा नवम भाव का स्वामी अपनी स्वराशि या उच्च राशि में वर्गोत्तम होकर केंद्र या नवम भाव में स्थित हो, तो अत्यंत प्रबल राजयोग होता है।

195. यदि कुंडली में नवमेश दशम भाव में तथा दशमेश नवम भाव में स्थित हो, तो प्रसिद्ध राजयोग होता है। यदि दोनों ग्रह बलवान हों तथा निर्मल (बिना किसी पाप ग्रह की युति व दृष्टि के) हों, तो योग विशेष शुभ फलदायक होता है।

196. कुंडली में मेष लग्न हो, पूर्णिमा का चंद्रमा अपनी उच्च राशि वृष

में स्थित हो। बृहस्पति, शुक्र तथा शनि मीन राशि में स्थित हो, सूर्य पर मंगल की दृष्टि हो, तो विशेष राजयोग होता है।

197. यदि शुक्र अश्विनी नक्षत्र में स्थित होकर लग्न में बैठा हो और उसे तीन ग्रह देखते हों, तो विशेष राजयोग होता है।

198. यदि कुंडली में तीन ग्रह स्वराशि या उच्च राशि के होकर केंद्र में स्थित हों, तो साधारण राजयोग होता है और यदि पांच या अधिक ग्रह स्वराशि अथवा उच्च राशि के होकर केंद्र में स्थित हों, तो विशेष राजयोग होता है।

199. यदि सूर्य अपने नवांश में हो, सूर्य की राशि भी बलवान हो, चंद्रमा कर्क राशि में हो, चंद्रमा का नवांश भी बलवान हो, तो विशेष राजयोग होता है।

200. यदि बृहस्पति मकर राशि को छोड़ अन्य किसी राशि में होकर लग्न में हो, लग्नेश बलवान होकर केंद्र में हो तथा बुध एवं शुक्र पर बृहस्पति की दृष्टि हो, तो विशेष राजयोग होता है।

201. यदि लग्न को छोड़ अन्य तीनों केंद्रों में से किसी भी केंद्र में पूर्णिमा का चंद्र स्थित हो तथा उसे स्वराशि या उच्च राशि में बैठा हुआ ग्रह पूर्ण दृष्टि से देख रहा हो, तो भी विशेष राजयोग होता है।

तीसरा अध्याय

अन्य योग

इस अध्याय में भिन्न-भिन्न प्रकार के योग दिए गए हैं। कुछ चंद्रमा द्वारा बनने वाले, कुछ सूर्य के द्वारा निर्मित, कुछ लग्न द्वारा सृजित, कुछ शुभ फलदायक, तो कुछ अशुभ फलदायक। इस प्रकार विभिन्न योगों को एकत्र किया गया है। किंतु राजयोगों से सर्वथा भिन्न होने के कारण इस अध्याय को 'अन्य योग' शीर्षक दिया गया है। इस अध्याय में दिए गए कुछ योगों के नाम राजयोगों से भी मिलते हैं। जैसे गौरी योग, लक्ष्मी योग, दाम योग, पाश योग, केदार योग आदि, किंतु इन योगों की ग्रह स्थितियां भिन्न होने के कारण प्रभाव भी भिन्न हैं, इसलिए इन्हें अन्य योगों में रखा गया है।

अन्य योग

1. सुनफा योग

परिभाषाः यदि कुंडली में चंद्रमा से दूसरे घर में, मंगल, बुध, बृहस्पति, शुक्र व शनि, इन पांचों में से किसी एक की स्थिति हो तथा चंद्रमा से बारहवें भाव में कोई भी ग्रह न हो, तो 'सुनफा योग' का सृजन होता है।

फलः इस योग में उत्पन्न जातक बुद्धिमान, धनवान तथा ख्याति प्राप्त होता है। विशेष प्रभाव द्वितीय भाव में स्थित ग्रह के गुणों के अनुसार होता है। जैसे कुंडली में द्वितीय भाव में मंगल स्थित होने पर जातक बलशाली, पराक्रमी, वाणी में कुछ उग्रता एवं विरोध की प्रवृत्ति वाला। बुध होने पर कुशाग्र बुद्धि, सुंदर, हंसमुख, कलाप्रेमी। गुरु होने पर विद्वान, धनवान, समृद्ध, राज्य कृपापात्र। शुक्र होने पर बुद्धिमान, भोग-विलास के सुख-साधनों से युक्त, मकान एवं वाहन सुख-प्राप्त। शनि होने से धनी, नीतिवान तथा किसी सभा-सोसाइटी का मुखिया होता है।

2. अनफा योग

परिभाषाः यदि कुंडली में चंद्रमा से बारहवें भाव में मंगल, बुध, बृहस्पति, शुक्र व शनि, इन पांचों में से किसी एक की स्थिति हो तथा चंद्रगा से दूसरे भाव में कोई ग्रह न हो, तो 'अनफा योग' का सृजन होता है।

फलः इस योग में उत्पन्न जातक सुंदर व स्वस्थ, समाज में प्रतिष्ठित, संतोषी व विचारवान एवं चरित्रवान होता है। विशेष प्रभाव बारहवें भाव में स्थित ग्रह के गुणों के अनुसार होता है। जैसे मंगल होने से उग्र स्वभाव, संघर्षरत, स्वार्थी, चोरी की प्रवृत्ति वाला। बुध होने से सुंदर, पुण्यात्मा, लोकप्रिय, संगीत-काव्य आदि में रुचि। बृहस्पति होने से बुद्धिमान, काव्य-कला में रुचि, राज्य कृपापात्र। शुक्र होने पर धनवान, भोग-विलास के सुख-साधनों से युक्त। शनि होने पर गुणवान, विचारशील एवं चिंतातुर स्वभाव का होता है।

3. दुरुधरा योग

परिभाषाः यदि कुंडली में चंद्रमा से दूसरे तथा बारहवें दोनों भावों

में मंगल, बुध, बृहस्पति, शुक्र तथा शनि। इन पांचों ग्रहों में से कोई न कोई स्थित हो, तो 'दुरुधरा योग' का सृजन होता है। यह सुनफा योग तथा अनफा योग दोनों का मिश्रण है।

फलः इस योग में जन्म लेने वाला जातक त्यागशील, सुखी, धनवान, वाहन तथा अनेक सांसारिक सुख-साधनों का उपभोग करने वाला होता है। विशेष प्रभाव द्वितीय एवं द्वादश भाव में स्थित ग्रहों के गुण-दोष-प्रकृति के अनुसार होता है। यदि हम दुरुधरा योग वाली सौ कुंडलियां एकत्र कर लें, तो प्रायः सभी कुंडलियों का फलादेश भिन्न-भिन्न होगा, क्योंकि ग्रहों की स्थिति व युति प्रायः सबमें भिन्न-भिन्न होगी।

ग्रहों की स्थिति एवं युति के आधार पर यह दुरुधरा योग 180 प्रकार का होता है।

4. केमद्रुम योग

परिभाषाः यदि कुंडली में चंद्रमा के दोनों ओर अर्थात् चंद्रमा से द्वितीय व द्वादश भाव में कोई भी ग्रह स्थित न हो, तो 'केमद्रुम योग' का सृजन होता है।

मतांतरः कुछ विद्वानों का मानना है कि यदि चंद्रमा के साथ कोई ग्रह स्थित हो, तो केमद्रुम योग नहीं बनता, भले ही चंद्रमा के दोनों ओर कोई ग्रह स्थित न हो।

फलः यह अशुभ योग है। इस योग में उत्पन्न जातक परेशान रहता है, उसकी आर्थिक स्थिति सदैव कमज़ोर रहती है। शास्त्रों में तो यहां तक लिखा गया है कि यदि कुंडली में सौ शुभ योग हों, तो एक केमद्रुम योग सभी सौ योगों का नाश कर देता है।

टिप्पणीः अनुभव में आया है कि चंद्रमा केंद्र या त्रिकोण में होने पर यदि केमद्रुम योग बनता हो, तो उसका कोई विशेष कुप्रभाव नहीं होता।

5. चंद्राधि योग

परिभाषाः यदि कुंडली में चंद्रमा से छठे, सातवें एवं आठवें तीनों भावों में शुभ ग्रह (बुध, गुरु, शुक्र) स्थित हों, तो 'चंद्राधियोग' का सृजन होता है।

फलः इस योग में उत्पन्न जातक स्वस्थ, चतुर, शत्रु विजयी, निरोगी, बहुत धनवान, सुखी एवं विख्यात होता है।

टिप्पणीः चंद्रमा से छठे, सातवें, आठवें तीनों घरों में शुभ ग्रह की स्थिति से यह योग पूर्णतः घटित होता है। इस प्रकार चंद्रमा स्थित भाव, चंद्रमा से द्वितीय भाव तथा चंद्रमा से द्वादश भाव तीनों भावों पर शुभ ग्रह की दृष्टि होगी। चंद्रमा से छठे, सातवें और आठवें घर में स्थित ग्रहों की शुभता एवं बल के अनुरूप ही योग का फल होगा। इन तीनों में से एक या दो घरों में भी शुभ ग्रह हों, तो आंशिक फल तो होता ही है।

6. अमला योग

परिभाषाः कुंडली में चंद्रमा जहां स्थित हो, उससे दसवें स्थान पर शुभ ग्रह बैठा हो, तो 'अमला योग' का सृजन होता है।

फलः इस योग में जन्म लेने वाले जातक को सब सुख-सामग्री प्राप्त होती है। वह गुणवान, चरित्रवान एवं प्रसिद्ध होता है तथा सुखी जीवन व्यतीत करता है।

7. चंद्र-मंगल योग

परिभाषाः कुंडली में यदि चंद्रमा व मंगल की युति हो, अर्थात् दोनों एक ही भाव में स्थित हों, तो इस योग का सृजन होता है।

फलः यह योग विशेष धन देने वाला है। अतः इस योग में उत्पन्न जातक धनवान, स्वस्थ, प्रसन्नचित्त एवं विख्यात होता है। चंद्र-मंगल की युति शुभ स्थान में होनी चाहिए। चंद्र-मंगल अकारक होने पर फल विपरीत होते हैं। जातक व्यसनी भी हो सकता है।

8. वेसि योग

परिभाषाः कुंडली में जहां सूर्य स्थित हो, उससे दूसरे भाव में यदि मंगल, बुध, बृहस्पति, शुक्र, शनि इन पांचों में से कोई एक ग्रह स्थित हो तथा सूर्य से बारहवें भाव में कोई भी ग्रह स्थित न हो, तो 'वेसि योग' होता है।

यदि दूसरे भाव में स्थित ग्रह शुभ हों, तो शुभ वेसि योग होता है। यदि ग्रह अशुभ हों, तो अशुभ वेसि योग होता है।

फलः शुभ वेसि योग में उत्पन्न जातक सौम्य प्रकृति का होता है।

उसकी वाणी प्रभावशाली होती है। वह वाणी द्वारा अपना विश्वास जमा लेता है। वह नेतृत्वकर्ता एवं शत्रु विजयी होता है।

अशुभ वेसि योग में जन्म लेने वाला जातक कुसंगति में पड़ जाता है। उसके मस्तिष्क में कुचक्र घूमते रहते हैं। वह अपने दुष्कर्मों से बदनाम होता है।

यदि दूसरे भाव में शुभ तथा अशुभ ग्रहों का मिश्रण हो, तो फल भी मिश्रित होता है।

9. वासि योग

परिभाषाः यदि कुंडली में सूर्य से बारहवें स्थान में मंगल, बुध, बृहस्पति, शुक्र, शनि इन पांचों में से कोई भी ग्रह स्थित हो, किंतु सूर्य से दूसरे भाव में कोई ग्रह न हो, तो 'वासि योग' का सृजन होता है।

यदि सूर्य से बारहवें भाव में शुभ ग्रह स्थित हो, तो शुभ वासि योग तथा पाप ग्रह स्थित हो, तो अशुभ वासि योग होता है।

फलः शुभ वासि योग में जन्म लेने वाला जातक बुद्धिमान, गुणी, चतुर, प्रसन्नचित्त, एवं अपने कार्य में दक्ष होता है। वह पारिवारिक सुख प्राप्त करता है तथा शत्रु विजयी होता है।

अशुभ वासि योग में उत्पन्न जातक क्रूर एवं हिंसक वृत्ति का होता है। उसका मन अशांत एवं जीवन दुःखी रहता है।

सूर्य से बारहवें स्थान में शुभ तथा अशुभ ग्रहों का मिश्रण होने पर फल भी मिश्रित होता है।

10. उभय चरिक योग

परिभाषाः कुंडली में सूर्य से दूसरे तथा बारहवें दोनों भावों में चंद्रमा के अतिरिक्त मंगल, बुध, बृहस्पति, शुक्र, शनि इन पांचों में से कोई ग्रह स्थित हो, तो 'उभय चरिक योग' का सृजन होता है।

सूर्य के दोनों ओर स्थित ग्रह शुभ होने पर शुभ उभय चरिक योग तथा दोनों ओर अशुभ ग्रह होने से अशुभ उभय चरिक योग होता है।

फलः शुभ उभय चरिक योग में जन्म लेने वाला जातक सहनशील, न्यायप्रिय एवं कार्यकुशल होता है। शरीर पुष्ट तथा मन स्थिर होता है।

अशुभ उभय चरिक योग में उत्पन्न जातक असत्यवादी, कपटी, निर्धन एवं पाप कर्म करने वाला होता है। यदि सूर्य के दोनों ओर के ग्रह शुभ व अशुभ मिश्रित हों, तो फल भी मिश्रित होता है।

11. भास्कर योग

परिभाषाः कुंडली में सूर्य से दूसरे स्थान में बुध तथा सूर्य से बारहवें स्थान में चंद्रमा हो तथा चंद्रमा पर बृहस्पति की पूर्ण दृष्टि हो, तो 'भास्कर योग' का सृजन होता है।

फलः इस योग में जन्म लेने वाला जातक बहुत धनवान, ज्ञानवान, बलवान, शत्रु विजयी एवं कई कलाओं व विद्याओं का जानकार होता है। ऐसा व्यक्ति आकर्षक व्यक्तित्व का धनी होता है।

टिप्पणीः सूर्य के दूसरे तथा बारहवें बुध व चंद्रमा दोनों शुभ ग्रह होने से शुभ उभय चरिक योग का भी सृजन है तथा चंद्रमा पर बृहस्पति की दृष्टि भी निर्विवाद शुभ फलदायक ही होती है। इस प्रकार योग का प्रभावशाली होना सहज ही प्रकट हो रहा है।

12. बुधादित्य योग

परिभाषाः कुंडली में सूर्य व बुध की युति होने पर अर्थात् सूर्य व बुध के एक ही भाव में होने पर 'बुधादित्य योग' का सृजन होता है। आदित्य सूर्य का ही नाम है।

यदि बुध व सूर्य दोनों ही शुभ भावों के स्वामी तथा कारक ग्रह हों, इनकी युति भी कुंडली के किसी शुभ भाव में हो एवं बुध व सूर्य में दस अंश से अधिक की दूरी हो, तो योग प्रभावशाली हो जाता है।

फलः इस योग में जन्म लेने वाला जातक बहुत बुद्धिमान, चतुर, कार्य कुशल, लोकप्रिय, सुखी एवं विख्यात होता है। वह कठिन समस्याओं को भी चतुराई से सुलझाने में दक्ष होता है।

13. महाभाग्य योग

परिभाषाः महाभाग्य योग के लिए निम्नांकित स्थितियां होनी चाहिए :

(1) पुरुष की कुंडली में निम्न चारों योग होने पर महाभाग्य योग का

सृजन होता है :

(i) दिन में जन्म हो (सूर्योदय के पश्चात और सूर्यास्त से पहले)।

(ii) जन्म लग्न विषम राशि का हो। (iii) सूर्य विषम राशि में स्थित हो। (iv) चंद्रमा भी विषम राशि में स्थित हो।

इन चारों में से एक बात की भी कमी होने पर योग घटित नहीं होगा।

(2) स्त्री की कुंडली में निम्न चार बातें आवश्यक हैं :

(i) जन्म रात्रि में हो (सूर्यास्त के बाद और सूर्योदय से पहले),

(ii) जन्म लग्न सम हो, (iii) चंद्रमा सम राशि में हो, (iv) सूर्य भी सम राशि में हो।

यह चारों बातें पूरी होंगी, तभी यह योग लागू होगा।

फलः इस योग में उत्पन्न जातक उदार, विख्यात, चरित्रवान, धनवान, भूमि स्वामी एवं ऐश्वर्यशाली होता है। इस योग वाली स्त्रियों को दीर्घकाल तक पति, पुत्र, पौत्रों का सुख प्राप्त रहता है।

14. सम योग

परिभाषाः कुंडली में सूर्य से पणफर स्थान (2-5-8-11) में चंद्रमा स्थित हो, तो 'सम योग' का सृजन होता है।

फलः इस योग में जन्म लेने वाले जातक को धन, वाहन, सुख, यश-कीर्ति, बुद्धि, विनय, संपत्ति, विद्या, उदारता, सुख-भोग आदि का मध्यम फल प्राप्त होता है।

15. वरिष्ठ योग

परिभाषाः कुंडली में सूर्य से तीसरे, छठे, नवम या द्वादश में चंद्रमा स्थित हो, तो 'वरिष्ठ योग' का सृजन होता है।

फलः इस योग में जन्म लेने वाले जातक भाग्यवान होते हैं। विद्या-बुद्धि श्रेष्ठ, धन-संपत्ति के स्वामी, समाज में प्रतिष्ठित एवं विख्यात होते हैं। जीवन में सभी सुख-साधनों की प्राप्ति रहती है।

16. वसुमान योग

परिभाषाः कुंडली में यदि समस्त शुभ ग्रहों की स्थिति लग्न से गिनने पर तीसरे, छठे, दसवें, ग्यारहवें भावों में से किसी भाव या भावों में हो, तो 'वसुमान योग' का सृजन होता है।

फलः इस योग में जन्म लेने वाला जातक बहुत धनवान होता है तथा जीवन में नाना प्रकार के सुखों का उपभोग करता है।

17. अमला योग (दूसरा)

परिभाषाः कुंडली में लग्न से दशम भाव में शुभ ग्रह की स्थिति होने पर 'अमला योग' का सृजन होता है।

फलः इस योग में जन्म लेने वाला जातक धनवान, भूमि का स्वामी, नीतिज्ञ, यशस्वी, गुणवान, चरित्रवान, पुत्र एवं संपत्ति से युक्त होता है।

18. लक्ष्मी योग

परिभाषाः यदि कुंडली में शुक्र तथा नवमेश दोनों अपनी स्वराशि अथवा उच्च राशि में स्थित होकर लग्न से केंद्र अथवा त्रिकोण में हों, तो 'लक्ष्मी योग' का सृजन होता है।

फलः इस योग में उत्पन्न जातक लक्ष्मी का कृपापात्र होता है, अर्थात् बहुत धनवान होता है। जातक तेजस्वी, निरोग, सुपत्नी वाला तथा सुखी जीवन व्यतीत करता है।

टिप्पणीः दूसरे अध्याय में भी एक अन्य लक्ष्मी योग दिया गया है।

19. गौरी योग

परिभाषाः यदि कुंडली में चंद्रमा स्वराशि अथवा उच्च राशि का होकर केंद्र या त्रिकोण में स्थित हो, तो 'गौरी योग' होता है।

फलः इस योग में उत्पन्न जातक सुंदर शरीर वाला, सद्गुणी, शत्रु विजयी, श्रेष्ठ वाहनयुक्त, प्रशंसित, प्रसिद्ध, तीव्र बुद्धि, समस्याएं सुलझाने में सक्षम, लोकप्रिय पुत्रों से युक्त होता है।

टिप्पणीः दूसरे अध्याय में भी एक अन्य गौरी योग दिया गया है।

20. सरस्वती योग

परिभाषाः यदि कुंडली में बुध, बृहस्पति व शुक्र लग्न से 1-2-4-5-7-9-10 भावों में हों, और बृहस्पति स्वराशि, मित्र राशि या उच्च राशि में बलवान हो, तो 'सरस्वती योग' का सृजन होता है।

फलः सरस्वती योग में जन्म लेने वाला जातक अत्यंत बुद्धिमान,

विद्वान, गद्य-पद्य-गणित इत्यादि में महान पंडित होता है। धनवान, स्त्री-पुत्र के सुखादि से युक्त, राज्य द्वारा सम्मानित, लोकप्रिय एवं प्रसिद्ध होता है।

21. श्रीकंठ योग

परिभाषाः कुंडली में यदि लग्नेश, सूर्य तथा चंद्रमा अपनी स्वराशि, मित्रराशि या उच्च राशि में स्थित होकर लग्न से केंद्र या त्रिकोण में स्थित हों, तो 'श्रीकंठ योग' होता है। श्रीकंठ शिव को कहते हैं।

फलः इस योग में उत्पन्न व्यक्ति रुद्राक्ष धारण करने वाला, भगवान शंकर का ध्यान करने वाला, भगवान शिव के संप्रदाय में दीक्षित होता है।

22. श्रीनाथ योग

परिभाषाः कुंडली में बुध, शुक्र तथा नवमेश, अपनी स्वराशि, मित्रराशि या उच्च राशि में स्थित होकर लग्न से केंद्र या त्रिकोण में हो, तो 'श्रीनाथ योग' होता है। श्रीनाथ भगवान विष्णु का नाम है।

फलः इस योग में उत्पन्न जातक सुंदर, धनवान, भगवान नारायण के चिह्नों (शंख, चक्र आदि) से चिह्नित होता है। भगवान नारायण का भक्त होता है। स्त्री-पुत्र का पूर्ण सुख प्राप्त होता है। लोगों में आदर पाता है।

23. विरंचि योग

परिभाषाः कुंडली में पंचमेश, बृहस्पति एवं शनि अपनी स्वराशि, उच्च राशि या मित्रराशि में स्थित होकर लग्न से केंद्र या त्रिकोण में हों, तो 'विरंचि योग' होता है। विरंचि ब्रह्मा का नाम है।

फलः इस योग वाला जातक बहुत बुद्धिमान, ब्रह्मज्ञानी व गुणी एवं वैदिक धर्माचार्य होता है। जितेंद्रिय, दीर्घायु, धन-स्त्री-पुत्र के सुख से युक्त और लोगों में पूज्य होता है।

24. काहल योग

परिभाषाः कुंडली में लग्नेश जिस राशि में बैठा हो, उस राशि का

स्वामी जिस राशि में बैठा हो, उस राशि का स्वामी अपनी उच्च राशि या स्वराशि में स्थित होकर केंद्र या त्रिकोण में हो, तो 'काहल योग' होता है।

फलः काहल योग में उत्पन्न जातक अच्छी बुद्धि वाला, वर्द्धिष्णु (वृद्धि करने वाला) श्रेष्ठ, प्रसन्न, दूसरों का कल्याण करने वाला एवं जनता द्वारा मान्य होता है।

25. शंख योग

परिभाषाः कुंडली में यदि कोई केंद्रेश (किसी केंद्र का स्वामी) किसी त्रिकोणेश (त्रिकोण के स्वामी) के साथ संयुक्त होकर किसी शुभ भाव में बैठे, तो 'शंख योग' का सृजन होता है।

फलः जातक बुद्धिमान, धनवान, ऐश्वर्यशाली, भाग्यवान तथा प्रभावशाली होता है।

26. अधियोग

परिभाषाः यदि कुंडली में लग्न से छठे, सातवें तथा आठवें तीनों भावों में शुभ ग्रह (बुध, बृहस्पति, शुक्र) स्थित हों, तो यह 'अधियोग' होता है।

फलः इस योग में उत्पन्न जातक चतुर, शत्रु विजयी, सुखी व धनवान होता है।

यदि तीनों ग्रह पूर्ण बली हों, तो फल भी पूर्ण रूप से मिलता है। ग्रह मध्यम बली होने से फल मध्यम तथा हीन बली होने से न्यून फल प्राप्त होता है।

27. वीणा योग

परिभाषाः यदि कुंडली में सभी सातों ग्रह (राहु-केतु के अतिरिक्त) पृथक्-पृथक् राशियों में हों, तो 'वीणा योग' का सृजन होता है।

फलः इस योग में उत्पन्न जातक धनवान तथा संगीत एवं नृत्य में विशेष रुचि रखने वाला होता है।

टिप्पणीः दूसरे अध्याय में भी एक अन्य वीणा योग दिया गया है।

28. दाम योग

परिभाषाः यदि कुंडली में सभी सातों ग्रह किन्हीं छः राशियों में हों, तो 'दाम योग' होता है।

फलः इस योग में जन्म लेने वाला जातक धनवान, संपन्न, त्यागी व दूसरों का उपकार करने वाला होता है।

टिप्पणीः एक अन्य दाम योग दूसरे अध्याय में भी दिया गया है।

29. पाश योग

परिभाषाः यदि कुंडली में सभी सातों ग्रह किन्हीं पांच राशियों में स्थित हों, तो 'पाश योग' का सृजन होता है।

फलः इस योग में उत्पन्न जातक धनवान, भोगी, सुशील एवं बंधुयुक्त होता है।

टिप्पणीः एक अन्य पाश योग दूसरे अध्याय में भी दिया गया है।

30. केदार योग

परिभाषाः यदि कुंडली में सभी सातों ग्रह किन्हीं चार राशियों में स्थित हों, तो 'केदार योग' का सृजन होता है।

फलः इस योग में उत्पन्न जातक खेत, खेती और लक्ष्मी का उपभोग करने वाला होता है।

टिप्पणीः एक अन्य केदार योग दूसरे अध्याय में भी दिया गया है।

31. शूल योग

परिभाषाः कुंडली में सभी सातों ग्रह किन्हीं तीन राशियों में स्थित होने से 'शूल योग' का सृजन होता है।

फलः शूल योग में उत्पन्न जातक हिंसक प्रवृत्ति का, क्रोधी व दरिद्र होता है।

32. युग योग

परिभाषाः कुंडली में सभी सातों ग्रह किन्हीं दो राशियों में स्थित होने से 'युग योग' होता है।

फलः इस योग में जन्मा जातक पाखंडी एवं धनहीन होता है।

टिप्पणीः एक अन्य युग योग दूसरे अध्याय में भी दिया गया है।

33. गोल योग

परिभाषाः यदि कुंडली में सभी सातों ग्रह किसी एक ही राशि में एकत्र हों, तो 'गोल योग' होता है।

फलः जातक अल्पायु, दरिद्री, पापी, आलसी होता है।

टिप्पणीः एक अन्य गोल योग दूसरे अध्याय में भी दिया गया है।

34. चामर योग

परिभाषाः यदि लग्न में शुभ ग्रह स्थित हों अथवा शुभ ग्रह लग्न को देखते हों तथा लग्नेश अस्त न होकर उत्तम स्थान में स्वराशि का या उच्च राशि का होकर बैठा हो, तो 'चामर योग' का सृजन होता है।

फलः चामर योग में उत्पन्न जातक शुक्ल पक्ष के चंद्रमा की भांति वृद्धि को प्राप्त होता है। जातक सुंदर, सुशील, लक्ष्मीवान, कीर्तिवान एवं दीर्घायु होता है।

35. धेनु योग

परिभाषाः कुंडली में दूसरे भाव में शुभ ग्रह हों या शुभ ग्रहों की दृष्टि हो तथा द्वितीयेश अस्त न होकर स्वराशि या उच्चराशि का होकर उत्तम स्थान में स्थित हो, तो 'धेनु योग' होता है।

फलः जातक सुवर्ण, धन-धान्य, रत्नादि से समृद्ध वक्ता या अच्छी वाणी बोलने वाला तथा कुटुंब के सुख से सुखी होता है।

36. शौर्य योग

परिभाषाः कुंडली में तृतीय भाव में शुभ ग्रह हों या शुभ ग्रह देखते हों तथा तृतीयेश अस्त न होकर अपनी स्वराशि या उच्चराशि में स्थित होकर उत्तम स्थान में बैठा हो, तो 'शौर्य योग' का सृजन होता है।

फलः इस योग में उत्पन्न जातक अत्यंत पराक्रमी होता है। उसके छोटे भाई यशस्वी व भ्रातृ-भक्त होते हैं।

37. जलधि योग

परिभाषाः कुंडली में चतुर्थ स्थान में शुभ ग्रह हों या शुभ ग्रह देखते हों तथा चतुर्थेश अस्त न होकर अपनी स्वराशि या उच्चराशि में स्थित होकर उत्तम स्थान में बैठा हो, तो 'जलधि योग' होता है।

फलः इस योग में उत्पन्न जातक को धन-धान्य आदि पर्याप्त मात्रा में प्राप्त रहते हैं। मकान सुंदर होता है, बंधुओं का सुख प्राप्त होता है। सुख स्थिर रहता है। वाहन आदि अनेक सुख-साधन प्राप्त रहते हैं।

38. छत्र योग

परिभाषाः कुंडली में पंचम भाव में शुभ ग्रह हों या शुभ ग्रहों की दृष्टि हो तथा पंचमेश अस्त न होकर अपनी स्वराशि या उच्चराशि में स्थित होकर शुभ स्थान में स्थित हो, तो 'छत्र योग' का सृजन होता है।

फलः जातक बुद्धिमान, संसार के समस्त सौभाग्यों से युक्त, धनवान, यशस्वी, संतान सुख से युक्त एवं विद्यावान होता है।

टिप्पणीः एक अन्य छत्र योग दूसरे अध्याय में भी दिया गया है।

39. अस्त्र योग

परिभाषाः कुंडली में षष्ठेश अस्त न होकर अपनी उच्च राशि या स्वराशि में होकर शुभ स्थान में बैठा हो तथा छठा भाव शुभ ग्रह युत या दृष्ट हो, तो 'अस्त्र योग' होता है।

फलः इस योग में उत्पन्न जातक बड़े-बड़े बलवान शत्रुओं को अपनी असीम शक्ति से दबा देता है। जातक क्रूर प्रवृत्ति वाला अभिमानी होता है। शरीर के अवयव दृढ़ होते हैं। जातक विवादकारी भी होता है।

40. काम योग

परिभाषाः कुंडली में सप्तमेश अस्त न होकर अपनी उच्च राशि या स्वराशि में किसी शुभ स्थान में बैठा हो तथा सप्तम भाव शुभ ग्रह युत या दृष्ट हो, तो 'काम योग' का सृजन होता है।

फलः इस योग में उत्पन्न जातक को उत्तम स्त्री, संतान और बंधुओं का सुख प्राप्त होता है। जातक अपने शुभ गुणों से बहुत लक्ष्मी प्राप्त करता है। पिता से अधिक उच्च पदवी प्राप्त करता है।

41. आसुर योग

परिभाषाः कुंडली में अष्टमेश अस्त न होकर अपनी उच्च राशि या स्वराशि में स्थित होकर शुभ स्थान में बैठा हो तथा अष्टम भाव शुभ ग्रह युत या दृष्ट हो, तो 'आसुर योग' होता है। यह योग निकृष्ट है।

फलः इस योग में उत्पन्न जातक स्वार्थी, कुकर्मी, दरिद्री, दुराग्रही, चुगलख़ोर, दूसरों का काम बिगाड़ने वाला होता है।

42. भाग्य योग

परिभाषाः कुंडली में नवम भाव शुभ ग्रह युत या दृष्ट हो तथा नवमेश अस्त न होकर अपनी उच्च राशि या स्वराशि में बलवान होकर शुभ स्थान में बैठा हो, तो 'भाग्य योग' का सृजन होता है।

फलः भाग्य योग में जन्म लेने वाला जातक भाग्यवान होता है। बहुत धनवान, ऐश्वर्यशाली, अपने कुल की कीर्ति को बढ़ाने वाला, सहृदय, आचारनिष्ठ होता है।

43. ख्याति योग

परिभाषाः कुंडली में दशम भाव में शुभ ग्रह हों अथवा शुभ ग्रहों की दृष्टि हो तथा दशमेश उदित होता हुआ (अस्त न होता हुआ) अपनी उच्च राशि या स्वराशि में बलवान होकर शुभ स्थान में बैठा हो, तो 'ख्याति योग' का सृजन होता है।

फलः इस योग में उत्पन्न जातक उत्तम कर्म करने वाला, भाग्यवान, धनवान, स्त्री-पुत्र-मित्र का पूर्ण सुख प्राप्त करने वाला, प्रशंसनीय एवं ख्यातिवान होता है।

44. सुपारिजात योग

परिभाषाः कुंडली में ग्यारहवें भाव में शुभ ग्रह हों या शुभ ग्रहों की दृष्टि हो तथा एकादशेश अस्त न होकर अपनी उच्च या स्वराशि में स्थित होकर शुभ स्थान में बैठा हो, तो 'सुपारिजात योग' का सृजन होता है।

फलः इस योग में उत्पन्न जातक अच्छे कुटुंब वाला, अर्थ संग्रह करने से धनी, शुभ कार्यों में भाग लेने वाला, विद्वान, भक्ति भाव में समय लगाने वाला होता है।

45. मुसल योग

परिभाषाः कुंडली में बारहवें भाव में शुभ ग्रह की युति या दृष्टि हो, व्ययेश स्वराशि अथवा उच्च राशि में स्थित होकर उत्तम स्थान में बैठा हो, तो 'मुसल योग' होता है।

फलः इस योग में उत्पन्न जातक को बड़ी कठिनता से धन की प्राप्ति होती है। कभी धन रहता है, कभी नहीं रहता। व्यय अधिक होता है। बुद्धि अल्प होती है।

टिप्पणीः एक अन्य मुसल योग दूसरे अध्याय में भी दिया गया है।

46. अवयोग

परिभाषाः कुंडली में लग्न या लग्नेश अशुभ ग्रह से युत या दृष्ट हो, लग्नेश दुःस्थान(छठे, आठवें, बारहवें भाव) में हो, तो 'अवयोग' होता है।

फलः अवयोग में जन्म लेने वाले जातक की स्थिति चंचल होती है। उसकी संगति असज्जनों से होती है। शरीर अच्छा नहीं होता, कोई न कोई रोग लगा रहता है। चरित्र भी अच्छा नहीं होता। जातक अल्पायु व अप्रसिद्ध रहता है तथा दरिद्रता व अपमान को प्राप्त होता है।

47. निःस्व योग

परिभाषाः यदि कुंडली में दूसरे भाव में पाप ग्रह स्थित हो या पाप ग्रह की दृष्टि हो तथा द्वितीयेश पाप ग्रह से युत या दृष्ट या दुःस्थान में हो, तो 'निःस्व योग' होता है। निःस्व का अर्थ है---जिसके पास अपना कुछ भी न हो, दरिद्री।

फलः इस योग में उत्पन्न जातक की वाणी अच्छी नहीं होती। कुटुंब का सुख भी नहीं होता। जातक विद्या-बुद्धि, वैभव, पुत्र आदि से हीन होता है।

48. मृति योग

परिभाषाः यदि कुंडली में तीसरा भाव अशुभ ग्रह से युत या दृष्ट हो तथा तृतीयेश दुःस्थान में हो या अशुभ ग्रह से युत दृष्ट हो, तो 'मृति योग' होता है।

फलः मृति योग में उत्पन्न जातक शत्रुओं से पराजित, अनुचित कर्म करने वाला, परिश्रम से खिन्न होने वाला और निर्लज्ज होता है। जैसे, उसके बल और धन का हरण हो जाए और उसे भाई-बहनों का सुख न हो।

49. कुहू योग

परिभाषाः यदि कुंडली में चतुर्थ भाव अशुभ ग्रह से युत या दृष्ट हो, चतुर्थेश दुःस्थान में हो या अशुभ ग्रह से युत दृष्ट हो, तो 'कुहू योग' होता है।

फलः इस योग में उत्पन्न जातक को माता, सवारी (वाहन), मित्र, आभूषण तथा बंधुओं का सुख प्राप्त नहीं होता। जातक सुखहीन होता है। कोई न कोई परेशानी बनी रहती है। उसे अपना स्थान भी छोड़ना पड़ता है।

50. पामर योग

परिभाषाः यदि पंचमेश या पंचम स्थान अशुभ ग्रह से युत या दृष्ट हो तथा पंचमेश दुःस्थान में बैठा हो, तो 'पामर योग' का सृजन होता है।

फलः इस योग में पैदा होने वाला जातक दुःखी जीवन व्यतीत करता है। जातक असत्यभाषी, अविवेकी तथा वंचक (दूसरे को ठगने वाला) होता है। उसे संतान सुख नहीं होता। संतान पितृद्वेषी होती है। ऐसा जातक नीच व दुष्ट लोगों की संगति में रहता है।

51. दुष्कृति योग

परिभाषाः यदि सप्तमेश या सप्तम भाव अशुभ ग्रह से युत या दृष्ट हो तथा सप्तमेश दुःस्थान में स्थित हो, तो 'दुष्कृति योग' होता है।

फलः इस योग वाले व्यक्ति को स्त्री संबंधी कष्ट रहता है। पत्नी वियोग हो या पत्नी से अलग रहना पड़े या पत्नी रोगी हो। दांपत्य सुख की बाधा रहे। बंधु लोग निरादर करें। राज्य से पीड़ा मिलती है एवं यात्रा कष्टकारक होती है।

52. निर्भाग्य योग

परिभाषाः यदि नवम भाव का स्वामी लग्न से छठे, आठवें या

बारहवें भाव में बैठा हो तथा नवम भाव एवं नवमेश पर अशुभ ग्रहों की दृष्टि हो या वहां अशुभ ग्रह बैठे हों, तो 'निर्भाग्य योग' का सृजन होता है।

फलः इस योग में उत्पन्न व्यक्ति अभागा, जीवन में दुःख भोगने वाला, धर्म एवं साधु-संतों की निंदा करने वाला एवं दरिद्र होता है। उसे प्राप्त पैतृक संपत्ति भी नष्ट हो जाती है।

53. दुर्योग

परिभाषाः यदि दशम भाव में अशुभ ग्रह बैठे हों और दशमेश अशुभ ग्रहों से युत या दृष्ट हो तथा दशमेश दुःस्थान में हो, तो 'दुर्योग' का सृजन होता है।

फलः इस योग में उत्पन्न जातक जीवन में असफल रहता है। पूर्ण परिश्रम से किए हुए कार्यों में भी उसे सफलता नहीं मिलती। उसके प्रयास निष्फल रहते हैं। लोगों में आदर नहीं होता। सदैव पेट पालने की चिंता लगी रहती है।

54. दरिद्र योग

परिभाषाः यदि कुंडली में एकादशेश दुःस्थान छठे, आठवें या बारहवें भाव में बैठा हो या अशुभ ग्रहों से युत या दृष्ट हो, तो 'दरिद्र योग' का सृजन होता है।

फलः इस योग में उत्पन्न जातक ऋणी, दरिद्री, कान की बीमारी से कष्ट पाने वाला, अच्छे भाइयों से हीन, दुष्कार्य करने वाला, अप्रशस्त वचन बोलने वाला, नौकरी करने वाला और दुःख उठाने वाला होता है।

टिप्पणीः यहां यह बात विशेष ध्यान देने योग्य है कि एकादश भाव में अशुभ ग्रह की स्थिति को अशुभ नहीं माना गया। किसी भाव में अशुभ ग्रह की स्थिति प्रायः अशुभ ही मानी जाती है, किंतु यहां इस नियम का अपवाद है।

ज्योतिषियों का आप्त वाक्य है कि 'लाभे सर्वे प्रशस्ताः' अर्थात् लाभ भाव में सभी ग्रह श्रेष्ठ होते हैं।

55. अविश्वास योग

परिभाषाः यदि कुंडली में लग्नेश की किसी भी भाव में राहु या केतु या शनि के साथ युति हो तथा लग्न में पाप ग्रह स्थित हो, तो 'अविश्वास योग' का सृजन होता है।

फलः इस योग में उत्पन्न जातक अविश्वासी होता है। अविश्वास उसका विशिष्ट गुण होता है। उसका मन अस्थिर व सशंकित रहता है, अतः किसी पर भी विश्वास नहीं कर पाता। स्वयं हीन भावना का शिकार होता है। अपने मन की बात किसी से खुलकर नहीं कह सकता। प्रायः जीवन में असफल ही रहता है।

56. शकट योग

परिभाषाः यदि कुंडली में चंद्रमा से छठे, आठवें या बारहवें भाव में बृहस्पति हो, तो शकट योग होता है, किंतु यदि चंद्रमा लग्न से केंद्र में स्थित हो, तो 'शकट योग' नहीं होता।

फलः शकट योग में पैदा होने वाला जातक अत्यंत दुःखी होता है। उसके हृदय में ऐसा दुःख का कांटा लगा हुआ होता है कि उससे छुटकारा पाना कठिन होता है। ऐसा जातक प्रसिद्धि प्राप्त नहीं कर पाता, साधारण जीवन ही व्यतीत करता है। कभी-कभी भाग्य का सितारा तेज भी हो जाता है और कभी सितारा बिल्कुल गिर जाता है। व्यक्ति भाग्यहीन हो जाता है।

57. अधम योग

परिभाषाः यदि कुंडली में सूर्य से केंद्र में चंद्रमा हो, तो 'अधम योग' का सृजन होता है।

फलः अधम योग में जन्म लेने वाले जातक को धन, सवारी, यश, सुख, संपत्ति, ज्ञान, बुद्धि, विनय, निपुणता, उदारता तथा सुख योग आदि का बहुत कम फल प्राप्त होता है। जीवन स्तर ऊंचा नहीं हो पाता।

58. ग्रहण योग

परिभाषाः यदि कुंडली में चंद्रमा व राहु एक ही भाव में बैठे हों अर्थात् राहु की चंद्रमा से युति होने पर ग्रहण योग का सृजन होता है।

फलः ग्रहण योग में जन्म लेने वाले जातक को जीवन भर परेशानियां घेरे रहती हैं। जीवन में संघर्ष के बावजूद अधिक उन्नति नहीं कर पाता। व्यक्ति हीन भावना से ग्रस्त रहता है। राहु-चंद्र की युति जिस भाव में होती है, उस भाव को विशेष क्षति पहुंचती है। जैसे पंचम भाव में राहु-चंद्र युति होने से विद्या एवं संतान को क्षति, चतुर्थ भाव में यह युति होने से मातृ सुख तथा दशम भाव में युति होने से पितृ सुख को क्षति पहुंचती है।

चौथा अध्याय

उच्च पदाधिकारी योग

हमारा देश विशाल है। देश की जनसंख्या सौ करोड़ के आंकड़े को पार कर चुकी है। पूरे देश में सरकारी कर्मचारियों की संख्या भी लाखों में है। प्रत्येक कर्मचारी की यह अभिलाषा होती है कि वह उन्नति करे, उच्च पद प्राप्त करे। जन समुदाय की जिज्ञासा को देखते हुए 'ज्योतिष योग संग्रहों' के इतिहास में प्रथम बार हम उच्च पदाधिकारी योग शीर्षक के अंतर्गत ऐसे प्रमुख 24 योग दे रहे हैं, जिनके द्वारा बड़ी सुगमता से यह जाना जा सकता है कि कुंडली में उच्च पदाधिकारी बनने की स्थिति कैसी है। इनमें से कुछ योग ग्रहों की विशेषता के आधार पर बनते हैं, तो कुछ राशियों की विशेषता के आधार पर। कुंडली में ग्रहों की स्थिति जितनी प्रबल होगी, योग भी उतना ही अधिक प्रभावकारी होता जाएगा। अच्छे योगों की प्रबलता को देखने के साथ ही कुंडली में विपरीत योगों पर भी अवश्य दृष्टि डालनी चाहिए और शुभाशुभ के अध्ययन के पश्चात ही अंतिम निर्णय पर पहुंचना चाहिए।

उच्च पदाधिकारी योग

1. यदि कुंडली में स्थिर लग्न हो और लग्न में शुक्र स्थित हो, तो मात्र इस योग से जातक उच्च पदाधिकारी बन सकता है। शुक्र की स्थिति जितनी अच्छी होगी, उसी के अनुसार उच्च पद प्राप्त होगा।
2. यदि कुंडली में चर लग्न हो और लग्नेश से केंद्र में बृहस्पति स्थित हो, तो यह योग भी जातक को उच्च पदाधिकारी बना देता है। यहां बृहस्पति की स्थिति के अनुसार ही उच्च पदवी प्राप्त होगी।
3. यदि कुंडली में द्विस्वभाव लग्न हो और लग्न के त्रिकोण में मंगल हो, तो यह योग भी जातक को उच्च पदाधिकारी बना देता है।

   उपरोक्त तीनों योगों में योग बनाने वाला ग्रह अस्त नहीं होना चाहिए और दूसरे यह जितना अधिक बलवान होगा, उतना ही अधिक शुभ फलदायी होगा।
4. यदि कुंडली में लग्नेश दशम भाव में तथा दशमेश लग्न में स्थित हो तथा बृहस्पति से दृष्ट हो, तो जातक उच्च पदासीन होता है।
5. जिस राशि में नवमेश हो, उसका स्वामी जिस राशि में है, उस राशि का स्वामी यदि उच्च राशि में हो तथा लग्नेश लग्न से केंद्र में शुभ ग्रह से युत हो, तो यह योग भी जातक को उच्च पदाधिकारी बना देता है।
6. नवमेश जिस राशि में हो, उस राशि का स्वामी यदि अपनी उच्च राशि में स्थित होकर लग्न से दूसरे भाव में हो तथा धनेश अपनी उच्च राशि में हो, तो इस योग वाला जातक भी उच्च पदाधिकारी होता है।
7. यदि कुंडली में दशम भाव में चंद्रमा स्थित हो तथा दशमेश अपनी उच्च राशि में हो एवं भाग्येश लग्न से द्वितीय भाव में हो, तो इस योग में उत्पन्न जातक भी उच्च अधिकार प्राप्त करता है।
8. यदि कुंडली में पंचम तथा एकादश भाव में (दोनों भावों में) सौम्य ग्रह स्थित हों तथा दूसरे व आठवें भाव में पाप ग्रह हों, तो इस योग में जन्म लेने वाला जातक भी उच्च पदाधिकारी होता है।
9. कुंडली में यदि सभी सातों ग्रह मेष, कर्क, तुला व मकर, इन राशियों

में हों, (इनमें से एक ही में, दो में, तीन में या चारों में हों) तो इस योग में जन्म लेने वाला जातक भी उच्च पदवी प्राप्त करने वाला होता है।

10. यदि बृहस्पति द्वितीय भाव या नवम भाव का स्वामी हो तथा नवमेश जिस नवांश में हो, उसका स्वामी बृहस्पति से युत हो एवं दोनों द्वितीय भाव में स्थित हों, तो इस योग में जन्म लेने वाला जातक भी उच्च पदवी प्राप्त करने वाला होता है।

    यह योग केवल मेष, कर्क, वृश्चिक व कुंभ लग्न वाली कुंडलियों पर ही लागू हो सकता है।

11. यदि लग्न से दशम भाव में सूर्य स्थित हो तथा दशमेश लग्न से तीसरे भाव में स्थित हो, तो इस योग में उत्पन्न व्यक्ति भी उच्च पदाधिकारी होता है।

12. यदि चंद्रमा व बृहस्पति दोनों लग्न से द्वितीय भाव में स्थित हों, द्वितीयेश लाभ भाव में हो तथा लग्नेश शुभ ग्रह से युत हो, तो इस योग में उत्पन्न जातक उच्च पदाधिकारी होता है।

13. यदि कुंडली में नवमेश व दशमेश का परस्पर स्थान विनिमय हो (अर्थात् नवमेश दशम भाव में तथा दशमेश नवम भाव में हो) तथा लग्नेश नवम या दशम भाव में हो तथा लग्नेश पर बृहस्पति की दृष्टि हो, तो इस योग वाला व्यक्ति भी उच्च पदाधिकारी होता है।

14. यदि मकर लग्न कुंडली में लग्न से पंचम में चंद्रमा, सप्तम में सूर्य व बुध हों, अष्टम भाव में गुरु व शुक्र हों तथा एकादश भाव में शनि हो, तो जातक उच्च पदाधिकारी होता है।

15. कुंडली में मंगल जिस राशि में स्थित हो, उससे दूसरे, पांचवें या नवें स्थान में बुध तथा शुक्र हों तथा शनि तुला राशि का दशम में हो, तो इस योग वाला जातक भी उच्च पदाधिकार प्राप्त करता है। यह योग केवल मकर लग्न कुंडली पर ही लागू हो सकता है।

16. मिथुन लग्न कुंडली में दशम भाव में गुरु व शुक्र स्थित हों, तो इस योग में जन्म लेने वाला व्यक्ति उच्च पदाधिकारी होता है।

17. मकर लग्न कुंडली में पंचम भाव में चंद्रमा हो, लग्न में बुध व शुक्र तथा नवम भाव में बृहस्पति हो, तो जातक उच्च स्तरीय अधिकारी होता है।

18. धनु लग्न कुंडली में बृहस्पति बारहवें भाव में तथा शनि लाभ भाव में होने से भी जातक उच्च पदाधिकारी बन जाता है।
19. यदि कुंडली में लग्नेश तथा चंद्र राशीश (चंद्रमा जिस राशि में हो, उसका स्वामी) दोनों केंद्र में अपने मित्र की राशि में युत हों तथा लग्न बलवान हो, तो इस योग में जन्म लेने वाला जातक भी इस योग के प्रभाव से उच्च पदाधिकारी बन जाता है।
20. कुंभ लग्न की कुंडली में तीसरे भाव में उच्च राशि का सूर्य बैठा होने पर भी जातक उच्च पदाधिकारी बन जाता है।
21. तुला लग्न कुंडली में अष्टम भाव में बृहस्पति, नवम भाव में शनि तथा ग्यारहवें भाव में मंगल तथा बुध हो, तो इस योग वाला व्यक्ति भी उच्च पदाधिकारी होता है।
22. धनु लग्न कुंडली में सूर्य व बृहस्पति दोनों ही दशम भाव में स्थित हों, तो जातक उच्च पदाधिकारी होता है।
23. यदि कुंडली में मंगल अपनी उच्च राशि या स्वराशि का होकर दशम भाव में बैठा हो तथा उस पर लग्नेश की दृष्टि भी हो, तो जातक उच्च पदाधिकारी होता है।
24. कुंडली में मंगल, सूर्य, बुध, बृहस्पति, शनि, दशम भाव तथा दशमेश, इन सबकी स्थिति जितनी अच्छी होगी, उसी के अनुसार जातक को उच्चाधिकार प्राप्त होता है।

पांचवां अध्याय

राशि परिवर्तन योग

कुंडली में जब दो ग्रह अपनी राशि छोड़कर आपस में एक-दूसरे की राशि में बैठे हों, तो उसे राशि परिवर्तन योग कहते हैं। दो शुभ स्थानों के स्वामी राशि परिवर्तन करें, तो फल शुभदायक और दो अशुभ स्थानों के स्वामियों का राशि परिवर्तन अशुभ फलदायक होता है।

ज्योतिष योगों में राशि परिवर्तन योगों का बड़ा महत्व है। राजयोगों की भांति इन योगों से सत्ता की प्राप्ति भी हो जाती है।

भूतपूर्व प्रधानमंत्री श्रीमती इंदिरा गांधी की जन्म कुंडली में कोई भी राजयोग नहीं था, मात्र दो तीन राशि परिवर्तन योगों के परिणामस्वरूप ही उन्होंने चिरकाल तक सत्ता का उपभोग किया।

पाठकों की सुविधा के लिए राशि परिवर्तन से बनने वाले प्रमुख योगों को दोनों ओर से दे दिया गया है।

इन योगों का फल इस अध्याय के अंत में दिया गया है।

राशि परिवर्तन योग

लग्नेश के राशि परिवर्तन से बनने वाले योग

1. यदि लग्नेश द्वितीय भाव में हो तथा द्वितीय भाव का स्वामी लग्न में हो, तो 'महा योग' होता है।
2. लग्नेश तृतीय भाव में हो तथा तृतीयेश लग्न में हो, तो 'खल योग' होता है।
3. यदि लग्नेश चतुर्थ भाव में तथा चतुर्थेश लग्न में हो, तो 'महा योग' होता है।
4. यदि लग्नेश पंचम भाव में तथा पंचमेश लग्न में हो, तो 'महा योग' होता है।
5. यदि लग्नेश षष्ठ भाव में तथा षष्ठेश लग्न में हो, तो 'दैन्य योग' होता है।
6. लग्नेश सप्तम भाव में हो तथा सप्तमेश लग्न में हो, तो 'महा योग' होता है।
7. लग्नेश अष्टम भाव में हो तथा अष्टमेश लग्न में हो, तो 'दैन्य योग' होता है।
8. लग्नेश नवम भाव में हो तथा नवमेश लग्न में हो, तो 'महा योग' होता है।
9. लग्नेश दशम भाव में हो तथा दशमेश लग्न में हो, तो 'महा योग' होता है।
10. लग्नेश ग्यारहवें (लाभ) भाव में हो तथा लाभेश लग्न में हो, तो 'महा योग' होता है।
11. लग्नेश व्यय भाव (बारहवें भाव) में हो तथा व्ययेश लग्न में हो, तो 'दैन्य योग' होता है।

द्वितीयेश के राशि परिवर्तन से बनने वाले योग

12. द्वितीयेश (धनेश) लग्न में हो तथा लग्नेश धन भाव (द्वितीय भाव) में हो, तो 'महा योग' होता है।

13. यदि द्वितीयेश तृतीय भाव में हो तथा तृतीयेश द्वितीय भाव में हो, तो 'खल योग' होता है।
14. यदि द्वितीयेश चतुर्थ भाव में तथा चतुर्थेश द्वितीय भाव में हो, तो 'महा योग' होता है।
15. यदि द्वितीयेश पंचम भाव में तथा पंचमेश द्वितीय भाव में हो, तो 'महा योग' होता है।
16. यदि द्वितीयेश षष्ठ भाव में हो तथा षष्ठेश द्वितीय भाव में हो, तो 'दैन्य योग' होता है।
17. यदि द्वितीयेश सप्तम भाव में तथा सप्तमेश द्वितीय भाव में हो, तो 'महा योग' होता है।
18. यदि द्वितीयेश अष्टम भाव में तथा अष्टमेश द्वितीय भाव में हो, तो 'दैन्य योग' होता है।
19. यदि द्वितीयेश नवम भाव में तथा नवमेश द्वितीय भाव में हो, तो 'महा योग' होता है।
20. यदि द्वितीयेश दशम भाव में तथा दशमेश द्वितीय भाव में हो, तो 'महा योग' होता है।
21. यदि द्वितीयेश लाभ भाव में हो तथा लाभेश द्वितीय भाव में हो, तो 'महा योग' होता है।
22. यदि द्वितीयेश बारहवें (व्यय) भाव में तथा व्ययेश द्वितीय भाव में हो, तो 'दैन्य योग' होता है।

तृतीयेश के राशि परिवर्तन से बनने वाले योग

23. तृतीयेश लग्न में तथा लग्नेश तृतीय भाव में हो, तो 'खल योग' होता है।
24. यदि तृतीयेश द्वितीय भाव में तथा द्वितीयेश तृतीय भाव में हो, तो 'खल योग' होता है।
25. यदि तृतीयेश चतुर्थ भाव में तथा चतुर्थेश तृतीय भाव में हो, तो 'खल योग' होता है।
26. यदि तृतीयेश पंचम भाव में तथा पंचमेश तृतीय भाव में हो, तो 'खल योग' होता है।
27. तृतीयेश षष्ठ भाव में तथा षष्ठेश तृतीय भाव में हो, तो 'दैन्य योग' होता है।

28. यदि तृतीयेश सप्तम भाव में तथा सप्तमेश तृतीय भाव में हो, तो 'खल योग' होता है।
29. यदि तृतीयेश अष्टम भाव में तथा अष्टमेश तृतीय भाव में हो, तो 'दैन्य योग' होता है।
30. यदि तृतीयेश नवम भाव में तथा नवमेश तृतीय भाव में हो, तो 'खल योग' होता है।
31. यदि तृतीयेश दशम भाव में तथा दशमेश तृतीय भाव में हो, तो 'खल योग' होता है।
32. यदि तृतीयेश लाभ भाव में तथा लाभेश तृतीय भाव में हो, तो 'खल योग' होता है।
33. तृतीयेश व्यय भाव में तथा व्ययेश तृतीय भाव में हो, तो 'दैन्य योग' होता है।

चतुर्थेश के राशि परिवर्तन से बनने वाले योग

34. यदि चतुर्थेश लग्न में तथा लग्नेश चतुर्थ भाव में हो, तो 'महा योग' होता है।
35. यदि चतुर्थेश द्वितीय भाव में तथा द्वितीयेश चतुर्थ भाव में हो, तो 'महा योग' होता है।
36. यदि चतुर्थेश तृतीय भाव में तथा तृतीयेश चतुर्थ भाव में हो, तो 'खल योग' होता है।
37. यदि चतुर्थेश पंचम भाव में तथा पंचमेश चतुर्थ भाव में हो, तो 'महा योग' होता है।
38. चतुर्थेश षष्ठ भाव में तथा षष्ठेश चतुर्थ भाव में हो, तो 'दैन्य योग' होता है।
39. यदि चतुर्थेश सप्तम भाव में तथा सप्तमेश चतुर्थ भाव में हो, तो 'महा योग' होता है।
40. यदि चतुर्थेश अष्टम भाव में तथा अष्टमेश चतुर्थ भाव में हो, तो 'दैन्य योग' होता है।
41. चतुर्थेश नवम भाव में तथा नवमेश चतुर्थ भाव में हो, तो 'महा योग' होता है।
42. यदि चतुर्थेश दशम भाव में तथा दशमेश चतुर्थ भाव में हो, तो 'महा योग' होता है।

43. चतुर्थेश लाभ भाव में तथा लाभेश चतुर्थ भाव में हो, तो 'महा योग' होता है।
44. चतुर्थेश व्यय भाव में तथा व्ययेश चतुर्थ भाव में हो, तो 'दैन्य योग' होता है।

पंचमेश के राशि परिवर्तन से बनने वाले योग

45. यदि पंचमेश लग्न में तथा लग्नेश पंचम भाव में हो, तो 'महा योग' होता है।
46. यदि पंचमेश द्वितीय भाव में तथा द्वितीयेश पंचम भाव में हो, तो 'महा योग' होता है।
47. यदि पंचमेश तृतीय भाव में तथा तृतीयेश पंचम भाव में हो, तो 'खल योग' होता है।
48. यदि पंचमेश चतुर्थ भाव में तथा चतुर्थेश पंचम भाव में हो, तो 'महा योग' होता है।
49. पंचमेश षष्ठ भाव में तथा षष्ठेश पंचम भाव में हो, तो 'दैन्य योग' होता है।
50. यदि पंचमेश सप्तम भाव में तथा सप्तमेश पंचम भाव में हो, तो 'महा योग' होता है।
51. यदि पंचमेश अष्टम भाव में तथा अष्टमेश पंचम भाव में हो, तो 'दैन्य योग' होता है।
52. पंचमेश नवम भाव में तथा नवमेश पंचम भाव में हो, तो 'महा योग' होता है।
53. पंचमेश दशम भाव में तथा दशमेश पंचम भाव में हो, तो 'महा योग' होता है।
54. पंचमेश लाभ भाव में तथा लाभेश पंचम भाव में हो, तो 'महा योग' होता है।
55. पंचमेश व्यय भाव में तथा व्ययेश पंचम भाव में हो, तो 'दैन्य योग' होता है।

षष्ठेश के राशि परिवर्तन से बनने वाले योग

षष्ठेश का राशि परिवर्तन सर्वदा दैन्य योग बनाता है :

56. षष्ठेश लग्न में हो तथा लग्नेश षष्ठ भाव में हो, तो 'दैन्य योग' होता है।

57. यदि षष्ठेश द्वितीय भाव में तथा द्वितीयेश षष्ठ भाव में हो, तो 'दैन्य योग' होता है।
58. षष्ठेश तृतीय भाव में तथा तृतीयेश षष्ठ भाव में हो, तो 'दैन्य योग' होता है।
59. षष्ठेश चतुर्थ भाव में तथा चतुर्थेश षष्ठ भाव में हो, तो 'दैन्य योग' होता है।
60. षष्ठेश पंचम भाव में तथा पंचमेश षष्ठ भाव में हो, तो 'दैन्य योग' होता है।
61. षष्ठेश सप्तम भाव में तथा सप्तमेश षष्ठ भाव में हो, तो 'दैन्य योग' होता है।
62. यदि षष्ठेश अष्टम भाव में तथा अष्टमेश षष्ठ भाव में हो, तो 'दैन्य योग' होता है।
63. षष्ठेश नवम भाव में तथा नवमेश षष्ठ भाव में हो, तो 'दैन्य योग' होता है।
64. षष्ठेश दशम भाव में तथा दशमेश षष्ठ भाव में हो, तो 'दैन्य योग' होता है।
65. षष्ठेश लाभ भाव में तथा लाभेश षष्ठ भाव में हो, तो 'दैन्य योग' होता है।
66. षष्ठेश व्यय भाव में तथा व्ययेश षष्ठ भाव में हो, तो 'दैन्य योग' होता है।

सप्तमेश के राशि परिवर्तन से बनने वाले योग

67. सप्तमेश लग्न में तथा लग्नेश सप्तम भाव में हो, तो 'महा योग' होता है।
68. यदि सप्तमेश द्वितीय भाव में तथा द्वितीयेश सप्तम भाव में हो, तो 'महा योग' होता है।
69. यदि सप्तमेश तृतीय भाव में तथा तृतीयेश सप्तम भाव में हो, तो 'खल योग' होता है।
70. यदि सप्तमेश चतुर्थ भाव में तथा चतुर्थेश सप्तम भाव में हो, तो 'महा योग' होता है।
71. यदि सप्तमेश पंचम भाव में तथा पंचमेश सप्तम भाव में हो, तो 'महा योग' होता है।

72. सप्तमेश षष्ठ भाव में तथा षष्ठेश सप्तम भाव में हो, तो 'दैन्य योग' होता है।

73. यदि सप्तमेश अष्टम भाव में तथा अष्टमेश सप्तम भाव में हो, तो 'दैन्य योग' होता है।

74. यदि सप्तमेश नवम भाव में तथा नवमेश सप्तम भाव में हो, तो 'महा योग' होता है।

75. यदि सप्तमेश दशम भाव में तथा दशमेश सप्तम भाव में हो, तो 'महा योग' होता है।

76. यदि सप्तमेश लाभ भाव में तथा लाभेश सप्तम भाव में हो, तो 'महा योग' होता है।

77. सप्तमेश व्यय भाव में तथा व्ययेश सप्तम भाव में हो, तो 'दैन्य योग' होता है।

अष्टमेश के राशि परिवर्तन से बनने वाले योग

अष्टमेश का राशि परिवर्तन सर्वदा दैन्य योग ही बनाता है :

78. अष्टमेश लग्न में हो तथा लग्नेश अष्टम भाव में हो, तो 'दैन्य योग' होता है।

79. यदि अष्टमेश द्वितीय भाव में तथा द्वितीयेश अष्टम भाव में हो, तो 'दैन्य योग' होता है।

80. यदि अष्टमेश तृतीय भाव में तथा तृतीयेश अष्टम भाव में हो, तो 'दैन्य योग' होता है।

81. यदि अष्टमेश चतुर्थ भाव में तथा चतुर्थेश अष्टम भाव में हो, तो 'दैन्य योग' होता है।

82. यदि अष्टमेश पंचम भाव में तथा पंचमेश अष्टम भाव में हो, तो 'दैन्य योग' होता है।

83. यदि अष्टमेश षष्ठ भाव में तथा षष्ठेश अष्टम भाव में हो, तो 'दैन्य योग' होता है।

84. यदि अष्टमेश सप्तम भाव में तथा सप्तमेश अष्टम भाव में हो, तो 'दैन्य योग' होता है।

85. यदि अष्टमेश नवम भाव में तथा नवमेश अष्टम भाव में हो, तो 'दैन्य योग' होता है।

86. यदि अष्टमेश दशम भाव में तथा दशमेश अष्टम भाव में हो, तो 'दैन्य योग' होता है।

87. यदि अष्टमेश लाभ भाव में तथा लाभेश अष्टम भाव में हो, तो 'दैन्य योग' होता है।

88. यदि अष्टमेश व्यय भाव में तथा व्ययेश अष्टम भाव में हो, तो 'दैन्य योग' होता है।

नवमेश के राशि परिवर्तन से बनने वाले योग

89. यदि नवमेश लग्न में तथा लग्नेश नवम भाव में हो, तो 'महा योग' होता है।

90. यदि नवमेश द्वितीय भाव में तथा द्वितीयेश नवम भाव में हो, तो 'महा योग' होता है।

91. यदि नवमेश तृतीय भाव में तथा तृतीयेश नवम भाव में हो, तो 'खल योग' होता है।

92. नवमेश चतुर्थ भाव में तथा चतुर्थेश नवम भाव में हो, तो 'महा योग' होता है।

93. नवमेश पंचम भाव में तथा पंचमेश नवम भाव में हो, तो 'महा योग' होता है।

94. नवमेश षष्ठ भाव में तथा षष्ठेश नवम भाव में हो, तो 'दैन्य योग' होता है।

95. यदि नवमेश सप्तम भाव में तथा सप्तमेश नवम भाव में हो, तो 'महा योग' होता है।

96. यदि नवमेश अष्टम भाव में तथा अष्टमेश नवम भाव में हो, तो 'दैन्य योग' होता है।

97. नवमेश दशम भाव में तथा दशमेश नवम भाव में हो, तो 'महा योग' होता है।

98. नवमेश लाभ भाव में तथा लाभेश नवम भाव में हो, तो 'महा योग' होता है।

99. नवमेश व्यय भाव में तथा व्ययेश नवम भाव में हो, तो 'दैन्य योग' होता है।

दशमेश के राशि परिवर्तन से बनने वाले योग

100. यदि दशमेश लग्न भाव में हो तथा लग्नेश दशम भाव में हो, तो 'महा योग' होता है।
101. यदि दशमेश द्वितीय भाव में तथा द्वितीयेश दशम भाव में हो, तो 'महा योग' होता है।
102. यदि दशमेश तृतीय भाव में तथा तृतीयेश दशम भाव में हो, तो 'खल योग' होता है।
103. यदि दशमेश चतुर्थ भाव में तथा चतुर्थेश दशम भाव में हो, तो 'महा योग' होता है।
104. दशमेश पंचम भाव में तथा पंचमेश दशम भाव में हो, तो 'महा योग' होता है।
105. दशमेश षष्ठ भाव में तथा षष्ठेश दशम भाव में हो, तो 'दैन्य योग' होता है।
106. यदि दशमेश सप्तम भाव में तथा सप्तमेश दशम भाव में हो, तो 'महा योग' होता है।
107. यदि दशमेश अष्टम भाव में तथा अष्टमेश दशम भाव में हो, तो 'दैन्य योग' होता है।
108. दशमेश नवम भाव में तथा नवमेश दशम भाव में हो, तो 'महा योग' होता है।
109. दशमेश लाभ भाव में तथा लाभेश दशम भाव में हो, तो 'महा योग' होता है।
110. दशमेश व्यय भाव में तथा व्ययेश दशम भाव में हो, तो 'दैन्य योग' होता है।

लाभेश के राशि परिवर्तन से बनने वाले योग

111. यदि लाभेश लग्न भाव में हो तथा लग्नेश लाभ भाव में हो, तो 'महा योग' होता है।
112. यदि लाभेश द्वितीय भाव में तथा द्वितीयेश लाभ भाव में हो, तो 'महा योग' होता है।
113. यदि लाभेश तृतीय भाव में तथा तृतीयेश लाभ भाव में हो, तो 'खल योग' होता है।

114. लाभेश चतुर्थ भाव में तथा चतुर्थेश लाभ भाव में हो, तो 'महा योग' होता है।

115. लाभेश पंचम भाव में तथा पंचमेश लाभ भाव में हो, तो 'महा योग' होता है।

116. लाभेश षष्ठ भाव में तथा षष्ठेश लाभ भाव में हो, तो 'दैन्य योग' होता है।

117. यदि लाभेश सप्तम भाव में तथा सप्तमेश लाभ भाव में हो, तो 'महा योग' होता है।

118. यदि लाभेश अष्टम भाव में तथा अष्टमेश लाभ भाव में हो, तो 'दैन्य योग' होता है।

119. लाभेश नवम भाव में तथा नवमेश लाभ भाव में हो, तो 'महा योग' होता है।

120. लाभेश दशम भाव में तथा दशमेश लाभ भाव में हो, तो 'महा योग' होता है।

121. लाभेश व्यय भाव में तथा व्ययेश लाभ भाव में हो, तो 'दैन्य योग' होता है।

व्ययेश के राशि परिवर्तन से बनने वाले योग

व्ययेश का राशि परिवर्तन सर्वदा दैन्य योग ही बनाता है:

122. यदि व्ययेश लग्न भाव में हो तथा लग्नेश व्यय भाव में हो, तो 'दैन्य योग' होता है।

123. यदि व्ययेश द्वितीय भाव में तथा द्वितीयेश व्यय भाव में हो, तो 'दैन्य योग' होता है।

124. व्ययेश तृतीय भाव में तथा तृतीयेश व्यय भाव में हो, तो 'दैन्य योग' होता है।

125. व्ययेश चतुर्थ भाव में तथा चतुर्थेश व्यय भाव में हो, तो 'दैन्य योग' होता है।

126. व्ययेश पंचम भाव में तथा पंचमेश व्यय भाव में हो, तो 'दैन्य योग' होता है।

127. व्ययेश षष्ठ भाव में तथा षष्ठेश व्यय भाव में हो, तो 'दैन्य योग' होता है।

128. व्ययेश सप्तम भाव में तथा सप्तमेश व्यय भाव में हो, तो 'दैन्य योग' होता है।

129. यदि व्ययेश अष्टम भाव में तथा अष्टमेश व्यय भाव में हो, तो 'दैन्य योग' होता है।

130. व्ययेश नवम भाव में तथा नवमेश व्यय भाव में हो, तो 'दैन्य योग' होता है।

131. व्ययेश दशम भाव में तथा दशमेश व्यय भाव में हो, तो 'दैन्य योग' होता है।

132. व्ययेश लाभ भाव में तथा लाभेश व्यय भाव में हो, तो 'दैन्य योग' होता है।

महा योग का फल

महा योग में जन्म लेने वाले जातक पर लक्ष्मी की कृपा रहती है अर्थात् जातक धनी होता है। सुंदर वस्त्र-आभूषण धारण करने वाला, राज्य से सम्मानित अथवा उच्च पदवी पर काम करने वाला होता है। उसे धन-पुत्र-सवारी का सुख प्राप्त होता है।

खल योग का फल

खल योग में उत्पन्न जातक कभी अनाचार के मार्ग पर चलने वाला, कभी सदाचार के पथ पर आरूढ़। कभी अखिल सौभाग्यशाली, कभी दरिद्रता व दुःख प्राप्त करने वाला। कभी शुभ वाणी बोलने वाला, कभी दुष्ट। इस प्रकार शुभ व अशुभ दोनों प्रभावों से युक्त होता है। किंतु शुभ प्रभाव कम और अशुभ प्रभाव अधिक है, इसीलिए 'खल' संज्ञा दी गई है।

दैन्य योग का फल

दैन्य योग में उत्पन्न व्यक्ति अल्पबुद्धि, दूसरों की निंदा करने वाला, दुष्ट कर्मा, शत्रुओं से पीड़ित, क्रूर वचन बोलने वाला होता है। उसे जीवन में विघ्न-बाधाएं, असफलताएं प्राप्त होती हैं।

छठा अध्याय

वैवाहिक योग

विवाह जीवन का एक महत्वपूर्ण मोड़ है। दो आत्माओं के एक सूत्र में बंध जाने का नाम है विवाह। विवाह का एक और मतलब है–एक नए जीवन का आरंभ। किंतु विवाह का सच्चा आनंद तभी है, जब दांपत्य जीवन सुखी रहे। इस महत्वपूर्ण तथ्य को समझते हुए हमने ज्योतिष योग संग्रहों के इतिहास में प्रथम बार इस अध्याय में ऐसे योग एकत्र किए हैं, जिनके आधार पर निश्चित रूप से दांपत्य जीवन के सुख के बारे में घोषणा की जा सकती है। इसके अतिरिक्त वैवाहिक जीवन से संबंधित अन्य योग भी जैसे—विवाह योग, विवाह बाधा योग, विवाह संपन्न योग, अविवाह योग, प्रेम विवाह योग, संतान योग, संतान बाधा योग, वंश विच्छेद योग आदि मिलाकर कुल 252 योग दिए गए हैं।

विवाह योग

विवाह होगा भी या नहीं? सर्वप्रथम यह जानने के लिए नीचे कुछ सूत्र दिए जा रहे हैं, जो साधारणतः विवाह योग दर्शाते हैं। विवाह योग के विद्यमान होने पर ही विवाह होता है। इन योगों के अतिरिक्त विवाह बाधा योग, विलंबित विवाह योग तथा अविवाह योगों का भी अवलोकन कर लेना चाहिए।

1. यदि कुंडली में सप्तमेश (सप्तम भाव का स्वामी) चाहे शुभ ग्रह हो चाहे पाप ग्रह, यदि वह अपने भाव में ही बैठा हो तथा उस पर किसी पाप ग्रह की दृष्टि न हो, तो विवाह योग होता है।
2. सप्तमेश चाहे शुभ ग्रह हो या पाप ग्रह, यदि वह कहीं भी बैठकर अपने सप्तम भाव को पूर्ण दृष्टि से देख रहा हो तथा सप्तम भाव पर किसी अन्य पाप ग्रह की युति या दृष्टि न हो, तो विवाह योग होता है।
3. कुंडली में चंद्रमा जहां स्थित हो, उससे सातवें भाव का स्वामी चाहे वह शुभ ग्रह हो या पाप ग्रह, यदि वह अपने भाव (चंद्रमा से सप्तम) में बैठा है तथा वहां कोई पाप ग्रह न बैठा हो, न देख रहा हो, तो विवाह योग होता है।
4. कुंडली में चंद्रमा जहां स्थित हो, उससे सप्तम भाव का स्वामी, चाहे वह पाप ग्रह हो या शुभ ग्रह, यदि अपने भाव को (चंद्रमा से सप्तम भाव को) पूर्ण दृष्टि से देख रहा हो तथा किसी अन्य पाप ग्रह की वहां युति या दृष्टि न हो, तो विवाह योग होता है।
5. यदि कुंडली में सप्तम भाव में कोई भी ग्रह न हो, न ही किसी पाप ग्रह की दृष्टि हो, तो सप्तमेश बलवान होने पर विवाह योग होता है।
6. यदि कुंडली में सप्तम भाव में सम (2-4-6-8-10-12) राशि में से कोई हो, सप्तमेश व शुक्र भी सम राशि में हों, सप्तमेश बली हो, तो विवाह योग होता है।
7. यदि दूसरे, सातवें, बारहवें भाव के स्वामी केंद्र या त्रिकोण में हों तथा गुरु से दृष्ट हों, तो विवाह योग होता है।
8. शुक्र दिस्वभाव राशि (मिथुन, कन्या, धनु, मीन) में हो, तो विवाह योग होता है।

9. कुंडली में सप्तमेश जहां बैठा हो, उससे दूसरे, सातवें, बारहवें भाव में सौम्य ग्रह हों, तो विवाह योग होता है।
10. पुरुष कुंडली में मीन लग्न हो तथा सप्तम भाव में बुध स्थित हो, तो शीघ्र ही विवाह हो जाता है।
11. यदि लग्न से सप्तम भाव में शुभ ग्रह स्थित हो या शुभ ग्रह की दृष्टि हो, किंतु पाप ग्रह की युति या दृष्टि न हो, तो विवाह योग होता है।
12. कुंडली में चंद्रमा जहां स्थित हो, उससे सप्तम भाव में शुभ ग्रह बैठा हो या शुभ ग्रह की दृष्टि हो, किंतु पाप ग्रह की युति या दृष्टि न हो, तो विवाह योग होता है।

टिप्पणीः यद्यपि उपरोक्त योगों में से किसी एक के होने पर भी विवाह होना संभव होता है, तथापि जितने अधिक योग मिलते हों, विवाह योग उतना ही अधिक पुष्ट होगा।

इसके साथ ही यह भी देख लेना चाहिए कि कोई विवाह बाधा योग, विलंबित विवाह अथवा अविवाह योग तो नहीं है। सब विवेक पूर्वक विचार कर ही निर्णय करना चाहिए।

वर-कन्या चुनाव योग

भारतीय संस्कृति में, विशेषकर हिंदू समाज में विवाह से पूर्व वर-कन्या की कुंडलियों का मिलान करने की प्राचीन प्रथा है, किंतु व्यावहारिक रूप में देखने में आता है कि कुंडली मिलान केवल मंगली दोष विचार तथा मेलापक गुण देखने तक ही सीमित रहता है या अधिक से अधिक राशि मैत्री देखने तक। यदि इसके साथ ही वर-कन्या चुनाव योगों पर भी ध्यान दिया जाए, तो वर-कन्या दोनों का दांपत्य जीवन अत्यंत सुखी रह सकता है। कतिपय वर-कन्या चुनाव योग नीचे दिए जा रहे हैं :

1. वर का सप्तमेश जिस राशि में हो, यदि वही राशि कन्या की भी हो, तो विवाह उत्तम व सुखदायी होता है।
2. कन्या की राशि वर के सप्तमेश का उच्च स्थान हो, तो विवाह उत्तम होता है।
3. वर के सप्तमेश का नीच स्थान यदि कन्या की राशि हो, तो भी विवाह शुभ होता है।

4. वर का शुक्र जिस राशि में हो, वही राशि यदि कन्या की हो, तो भी विवाह शुभ होता है।
5. वर की सप्तमस्थ राशि यदि कन्या की राशि हो, तो भी विवाह शुभ होता है।
6. वर का लग्नेश जिस राशि में हो, वही राशि कन्या की होने पर भी विवाह सुखदायी होता है।
7. वर के चंद्र लग्न से सप्तम स्थान में जो राशि हो, वही राशि कन्या का जन्म लग्न हो, तो विवाह शुभ होता है।
8. वर की चंद्र राशि से सप्तम स्थान पर जिन-जिन ग्रहों की दृष्टि हो, वह ग्रह जिन-जिन राशियों में बैठे हों, उन राशियों में से किसी राशि में यदि कन्या का जन्म हो, तो वह विवाह भी उत्तम होता है।
9. कन्या की कुंडली में लग्न में मंगल हो तथा वर की कुंडली में सप्तम भाव में मंगल हो, तो विवाह शुभ होता है।
10. कन्या की कुंडली में लग्न में गुरु हो तथा वर की कुंडली में सप्तम भाव में गुरु हो, तो विवाह शुभ होता है।
11. कन्या की कुंडली में लग्न में शुक्र तथा वर की कुंडली में सप्तम भाव में शुक्र होने पर विवाह शुभ होता है।
12. कन्या की कुंडली में चतुर्थ भाव में गुरु हो तथा वर की कुंडली में दशम भाव में गुरु हो, तो भी विवाह शुभ फलदायी होता है।
13. कन्या की कुंडली में चतुर्थ भाव में शुक्र हो तथा वर की कुंडली में दशम भाव में शुक्र होने पर दांपत्य जीवन सुखी रहता है।
14. कन्या की कुंडली में पंचम भाव में गुरु तथा वर की कुंडली में एकादश भाव में गुरु का होना भी सुखी दांपत्य जीवन को दर्शाता है।
15. कन्या की कुंडली में पंचम भाव में शुक्र तथा वर की कुंडली में लाभ भाव में शुक्र का स्थित होना सुखी दांपत्य जीवन प्रकट करता है।
16. कन्या की कुंडली में सप्तम भाव में गुरु तथा वर की कुंडली में लग्न में गुरु होने से भी दांपत्य जीवन सुखी रहता है।
17. कन्या की कुंडली में छठे भाव में शुक्र तथा वर की कुंडली में व्यय भाव में शुक्र की स्थिति भरपूर दांपत्य सुख देती है, किंतु वर की कुंडली में मीन लग्न नहीं होना चाहिए।

18. कन्या की कुंडली में सप्तम भाव में शुक्र तथा वर की कुंडली में लग्न में शुक्र होने से दोनों में आजीवन परस्पर प्रेम बना रहता है।
19. कन्या की कुंडली में दशम भाव में गुरु तथा वर की कुंडली में चतुर्थ भाव में गुरु होने से दांपत्य जीवन सुखी होता है।
20. कन्या की कुंडली में दशम भाव में शुक्र तथा वर की कुंडली में चतुर्थ भाव में शुक्र भी दांपत्य जीवन को सुखी बनाते हैं।
21. कन्या की कुंडली में एकादश भाव में गुरु तथा वर की कुंडली में पंचम भाव में गुरु दांपत्य जीवन सुखी रखते हैं।
22. कन्या की कुंडली में एकादश भाव में शुक्र तथा वर की कुंडली में पंचम भाव में शुक्र सुखी दांपत्य जीवन दर्शाते हैं।
23. यदि कन्या की जन्म लग्न 'मेष' राशि तथा वर का जन्म लग्न 'तुला' राशि हो, तो आजीवन परस्पर प्रेम बना रहता है।

दांपत्य जीवन सुखी तथा आजीवन परस्पर प्रेम तब भी बना रहता है जब :

24. कन्या का लग्न 'वृष' तथा वर का जन्म लग्न 'वृश्चिक' हो।
25. कन्या का लग्न 'मिथुन' तथा वर का लग्न 'धनु' हो।
26. कन्या का लग्न 'कर्क' तथा वर का लग्न 'मकर' हो।
27. कन्या का लग्न 'सिंह' तथा वर का लग्न 'कुंभ' हो।
28. कन्या का लग्न 'कन्या' तथा वर का लग्न 'मीन' हो।
29. कन्या का लग्न 'तुला' तथा वर का लग्न 'मेष' हो।
30. कन्या का लग्न 'वृश्चिक' तथा वर का लग्न 'वृष' हो।
31. कन्या का लग्न 'धनु' तथा वर का लग्न 'मिथुन' हो।
32. कन्या का लग्न 'मकर' तथा वर का लग्न 'कर्क' हो।
33. कन्या का लग्न 'कुंभ' तथा वर का लग्न 'सिंह' हो।
34. कन्या का लग्न 'मीन' तथा वर का लग्न 'कन्या' हो।
35. कन्या की कुंडली में जो ग्रह लग्नेश हो, वही ग्रह वर की कुंडली में सप्तमेश हो, तो भी दांपत्य जीवन सुखी रहता है।
36. कन्या की कुंडली में जो ग्रह सप्तमेश हो, वही ग्रह वर की कुंडली में लग्नेश हो, तो जीवन सुखी रहता है।
37. कन्या की कुंडली में शुक्र 'मेष' अथवा 'वृश्चिक' राशि में हो तथा वर की कुंडली में मंगल 'वृष' या 'तुला' राशि में हो, तो आजीवन परस्पर प्रेम बना रहता है।

38. जो ग्रह कन्या की कुंडली में लग्नेश हो, वह ग्रह वर की कुंडली में सप्तम भाव में बैठा हो तथा जो ग्रह वर की कुंडली में सप्तमेश हो, वह कन्या की कुंडली में लग्न में बैठा हो, तो भी विवाह शुभ होता है।
39. इसी प्रकार कन्या की कुंडली का सप्तमेश वर की कुंडली के लग्न में स्थित हो तथा वर की कुंडली का सप्तमेश कन्या की कुंडली के लग्न में हो, तो भी आजीवन दोनों में प्रेम बना रहता है।
40. कन्या की लग्न राशि, वर की चंद्र राशि हो तथा वर की लग्न राशि व कन्या की चंद्र राशि हो, तो भी विवाह शुभ होता है।
41. चंद्रमा, मंगल व शुक्र कन्या की कुंडली में जहां-जहां अर्थात जिस-जिस भाव में स्थित हों, वर की कुंडली में भी यह वहीं या उससे पांचवें, नवें स्थान पर स्थित हों, तो भी विवाह शुभ होता है।
42. यदि कन्या की राशि 'मेष' हो, तो उसका 'कर्क' या 'धनु' राशि वाले वर के साथ संबंध होने से दांपत्य जीवन सुखी रह सकता है।
43. यदि कन्या की राशि 'वृष' हो, तो उसे 'वृष', 'तुला' या 'कन्या' राशि वाले वर के साथ विवाह करने पर भरपूर दांपत्य जीवन का सुख प्राप्त हो सकता है।
44. यदि कन्या की राशि 'मिथुन' हो, तो उसका दांपत्य जीवन 'मिथुन', 'कन्या', 'तुला', राशि वाले लड़के के साथ विवाह करने से बहुत सुखी रह सकता है।
45. यदि कन्या की राशि 'कर्क' हो, तो कर्क अथवा 'मीन' राशि वाले वर के साथ विवाह करने पर उसे आजीवन भरपूर दांपत्य सुख की प्राप्ति हो सकती है।
46. कन्या की राशि 'सिंह' होने पर उसे 'धनु' अथवा 'मिथुन' राशि वाले वर से ही विवाह करने से दांपत्य जीवन का भरपूर सुख मिल सकता है।
47. जिस कन्या की राशि 'कन्या' ही हो, उसका 'मिथुन', 'कन्या', 'वृष' राशि वाले वर के साथ संबंध होने पर दांपत्य जीवन अत्यंत सुखी होता है।
48. कन्या की राशि 'तुला' होने पर भी उसका दांपत्य जीवन अत्यंत सुखी रह सकता है, यदि उसका विवाह 'वृष', 'तुला', 'मिथुन' राशि वाले वर के साथ हो जाए।

49. 'वृश्चिक' राशि वाली कन्या भी सुखी दांपत्य जीवन का आनंद ले सकती है, यदि उसे 'मीन' अथवा 'कर्क' राशि वाला जीवन साथी मिल जाए।

50. 'धनु' राशि वाली कन्या को आजीवन सुखी दांपत्य जीवन का आनंद लेने के लिए ऐसे जीवन साथी की आवश्यकता होगी, जिसकी राशि 'धनु', 'मीन' या 'सिंह' हो।

51. जिस कन्या की राशि 'मकर' हो, उसका जीवन भी खुशियों से भर सकता है, यदि उसके दांपत्य जीवन का साथी 'कन्या', 'वृष' अथवा 'तुला' राशि वाला हो।

52. जिसकी जन्म राशि 'कुंभ' हो, ऐसी कन्या का दांपत्य जीवन भी बहुत सुखी हो सकता है, यदि उसे ऐसा जीवन साथी मिले, जिसकी राशि 'वृष', 'मिथुन', अथवा 'तुला' हो।

53. यदि कन्या की राशि 'मीन' हो और उसके जीवन साथी की 'धनु', 'मीन' या 'कर्क' हो, तो उनका दांपत्य जीवन बहुत सुखी होगा, इसमें कोई संशय नहीं।

54. वर-कन्या की राशि एक दूसरे से छठी-आठवीं, दूसरी-बारहवीं नहीं होनी चाहिए, अन्यथा आपस में खटपट ही रहेगी। किंतु शुक्र की राशियां वृष व तुला इस नियम का अपवाद हैं। एक की राशि 'वृष' और दूसरे की 'तुला' होने से एक दूसरे से छठी, आठवीं राशि होने पर भी दांपत्य जीवन अत्यंत सुखी रहता है। इसका कारण यह है कि एक तो शुक्र दांपत्य सुख का कारक ग्रह है, दूसरे शुक्र का स्वभाव प्रेम व स्नेह से परिपूर्ण है।

55. वर-कन्या में से एक की राशि 'मेष' दूसरे की 'वृश्चिक' या दोनों की मेष या दोनों की वृश्चिक हो, तो आपस में खटपट चलती रहती है, क्योंकि राशिपति मंगल स्वभाव से क्रूर है, वह अपना प्रभाव दिखाए बिना नहीं रहता। हां, तलाक की नौबत नहीं आती।

56. वर-कन्या दोनों में से एक की राशि मकर, दूसरे की 'कुंभ' या दोनों की मकर या दोनों की कुंभ होने पर भी दांपत्य जीवन का पूर्ण सुख प्राप्त नहीं होता, आपस में खटपट चलती रहती है। क्योंकि दोनों का राशिपति शनि अपनी क्रूरता का प्रभाव अवश्य दिखाता है। किंतु तलाक की नौबत नहीं आती।

57. यदि वर-कन्या दोनों की ही 'सिंह' राशि हो, तो भी दांपत्य सुख

में कुछ कमी एवं आपस में मनमुटाव रहता ही है, क्योंकि सिंह राशि स्वामी सूर्य के प्रभाव से दोनों में कुछ उग्रता एवं अहं भाव (स्वाभिमान) रहता ही है, वही खटपट का कारण बनता है। फिर भी तलाक की नौबत नहीं आती।

58. यदि वर-कन्या दोनों में से एक की राशि 'सिंह' तथा दूसरे की 'मेष' या 'वृश्चिक' हो, तो दोनों में खटपट एवं दांपत्य सुख में कुछ नीरसता रहती है।

वैसे यह बात बड़ी विचित्र-सी है। विचित्र इसलिए कि सिंह राशि का स्वामी सूर्य तथा मेष व वृश्चिक राशि का स्वामी मंगल दोनों आपस में मित्र हैं। इस प्रकार दोनों में राशि मैत्री हुई और ज्योतिष शास्त्रों में वर-कन्या के संबंध में तो राशि मैत्री की बड़ी प्रशंसा की गई है, यथा—

न वर्णो न गणो, न योनि
द्विद्वांशके नैव षडाष्टके वा।
तारा विरुद्धे नव पंचमे वा
राशीश मैत्री शुभदा विवाहे।।

अर्थात् वर-कन्या की कुंडली मिलान में यदि राशि मैत्री हो, तो वर्ण, गण, योनि, द्विद्वांशक, षडाष्टक, नव पंचम, तारा इत्यादि सभी दोषों का परिहार होकर विवाह शुभ हो जाता है।

हमने अपने चिरकालीन अनुभव एवं अनुसंधान तथा हज़ारों कुंडलियों के विश्लेषण के परिणामस्वरूप इस तथ्य को जाना है कि वर-कन्या में राशि मैत्री होने से, चाहे वह राशि मैत्री क्रूर ग्रहों की हो, चाहे सौम्य ग्रहों की, विवाह का बंधन नहीं टूट सकता। झगड़ा आपस में कितना भी हो, तलाक की नौबत नहीं आ सकती।

सुखी दांपत्य जीवन की दृष्टि से देखा जाए, तो सौम्य ग्रहों की मित्रता के प्रभाव तथा क्रूर ग्रहों की मित्रता के प्रभाव में अंतर होना तो स्वाभाविक ही है। सौम्य ग्रहों की मैत्री में दांपत्य जीवन को सुखी बनाने का जितना प्रभाव है, क्रूर ग्रहों की मैत्री में उतना कहां?

हमने क्रूर ग्रहों की राशि मैत्री वाली ऐसी सैकड़ों कुंडलियां देखी हैं, जिनका जीवन खटपट से भरपूर रहा। दूसरी ओर सौम्य ग्रहों की राशि मैत्री वाले दंपतियों का जीवन अत्यंत सुखी व सुमधुर संबंधों में बीता।

निष्कर्ष यह निकला कि दो सौम्य ग्रहों की मैत्री के प्रभाव से दांपत्य जीवन जितना सुखी रह सकता है, एक सौम्य व एक क्रूर ग्रह की मैत्री से कुछ कम सुखी होगा तथा दो क्रूर ग्रहों की मैत्री के प्रभाव से उससे भी कुछ कम सुखी होगा। अतः राशि मैत्री के प्रसंग में प्राथमिकता दो सौम्य ग्रहों की मैत्री को देनी चाहिए, उसके पश्चात एक सौम्य व एक क्रूर ग्रह की मैत्री को, तथा फिर दो क्रूर ग्रहों की मैत्री पर विचार करना चाहिए।

टिप्पणी : वर कन्या की कुंडलियों के मिलान में उपर्युक्त योग तो निःसंदेह सहायक होंगे ही। यदि दोनों की कुंडलियों में चंद्रमा पर गुरु की दृष्टि हो, तो सोने पर सुहागा अर्थात् बहुत उत्तम।

उपर्युक्त योगों के अतिरिक्त दोनों कुंडलियों में स्थित ग्रहों का भी विवेकपूर्ण अध्ययन कर लेना चाहिए। विशेषकर सप्तम भाव, सप्तमेश, सप्तम भाव के कारक ग्रह शुक्र, पंचम भाव, पंचमेश, पंचम भाव के कारक गुरु, धन भाव, धनेश व नवम भाव, नवमेश इत्यादि का विस्तार से विचार करें।

इन सबकी स्थिति अनुकूल होने पर निःसंदेह पति-पत्नी दोनों का ही दांपत्य जीवन परम सुखी रह सकता है।

विवाह संपन्न योग

विवाह योग्य आयु होने पर लड़के या लड़की के माता-पिता को और स्वयं लड़के-लड़की को भी यह जानने की तीव्र उत्सुकता रहती है कि विवाह कब होगा? नीचे कतिपय सूत्र दिए जा रहे हैं, इनमें से किसी एक के होने पर ही विवाह संपन्न होना संभव होता है :

1. सप्तमेश की दशांतर्दशा अर्थात् महादशा या अंतर्दशा में।
2. सप्तमेश जिस राशि में स्थित हो, उस राशि के स्वामी की दशांतर्दशा में।
3. सप्तम भाव में जो ग्रह बैठा हो, उसकी दशांतर्दशा में।
4. जो ग्रह सप्तम भाव को देख रहा हो, उसकी दशांतर्दशा में।
5. शुक्र की दशांतर्दशा में।
6. शुक्र द्वारा अधिष्ठित नक्षत्र के स्वामी की दशांतर्दशा में।
7. सप्तमेश से युत ग्रह की दशांतर्दशा में।

8. सप्तमेश के नक्षत्र में स्थित ग्रह की दशांतर्दशा में।
9. द्वितीयेश की दशांतर्दशा में।
10. द्वितीयेश जहां बैठा हो, उस राशि के स्वामी की दशांतर्दशा में।
11. नवमेश की दशांतर्दशा में।
12. दशमेश की दशांतर्दशा में।
13. दशानाथ से सप्तम में स्थित ग्रह की दशांतर्दशा में।
14. चंद्रमा से सप्तमेश की दशांतर्दशा में।
15. जब लग्नेश गोचरवश सप्तम भाव की राशि पर आए।
16. जब लग्नेश गोचरवश उस राशि पर आए, जिसमें सप्तमेश स्थित है।
17. जब लग्नेश गोचरवश सप्तमेश द्वारा अधिष्ठित राशि से पंचम स्थान पर आए।
18. जब लग्नेश गोचरवश सप्तमेश द्वारा अधिष्ठित राशि से नवम स्थान पर आए।
19. जब लग्नेश गोचरवश लग्न की राशि पर आए।
20. जब लग्नेश पंचम भाव स्थित राशि पर गोचरवश आए।
21. जब लग्नेश गोचरवश नवम भाव स्थित राशि पर आए।
22. जब लग्नेश गोचरवश एकादश भाव स्थित राशि पर आए।
23. जब लग्नेश गोचरवश तृतीय भाव स्थित राशि पर आए।
24. जब सप्तमेश गोचरवश सप्तम भाव की राशि पर आए।
25. जब सप्तमेश गोचरवश सप्तमेश द्वारा अधिष्ठित राशि पर आए।
26. जब सप्तमेश गोचरवश स्व-अधिष्ठित राशि से पंचम स्थान पर आए।
27. जब सप्तमेश गोचरवश स्व-अधिष्ठित राशि से नवम स्थान पर आए।
28. जब सप्तमेश गोचरवश लग्न राशि पर आए।
29. जब सप्तमेश गोचरवश लग्न से पंचम स्थान की राशि पर आए।
30. जब सप्तमेश गोचरवश लग्न से नवम भाव की राशि पर आए।
31. जब सप्तमेश गोचरवश लग्न से एकादश भाव स्थित राशि पर आए।
32. जब सप्तमेश गोचरवश लग्न से तृतीय भाव स्थित राशि पर आए।
33. जब शुक्र गोचरवश सप्तम भाव की राशि पर आए।

34. जब शुक्र गोचरवश सप्तमेश द्वारा अधिष्ठित राशि पर आए।
35. जब शुक्र गोचरवश सप्तमेश द्वारा अधिष्ठित राशि से पंचम राशि में आए।
36. जब शुक्र गोचरवश सप्तमेश द्वारा अधिष्ठित राशि से नवम स्थान में आए।
37. जब शुक्र गोचरवश लग्न राशि पर आए।
38. जब शुक्र गोचरवश लग्न से पंचम स्थान की राशि पर आए।
39. जब शुक्र गोचरवश लग्न राशि से नवम स्थान की राशि पर आए।
40. जब शुक्र गोचरवश लग्न राशि से एकादश स्थान की राशि पर आए।
41. जब शुक्र गोचरवश लग्न से तृतीय भाव स्थित राशि पर आए।
42. चंद्रमा की दशांतर्दशा में।

स्त्री जातक के संबंध में निम्न योगों में भी विवाह संपन्न हो सकता है :

43. गुरु की दशांतर्दशा में।
44. जब गुरु गोचरवश कुंडली के सप्तम भाव स्थित राशि पर आए।
45. जब गुरु गोचरवश कुंडली के एकादश भाव में स्थित राशि पर आए।
46. जब गुरु गोचरवश कुंडली के तृतीय भाव में स्थित राशि पर आए।
47. जब गुरु गोचरवश शुक्र द्वारा अधिष्ठित राशि पर आए।

विवाह बाधा योग

बहुत बार वर, कन्या के विवाह की बात लंबे समय तक चलते रहने पर भी कोई निर्णय नहीं निकल पाता और बार-बार रिश्ते होते तथा टूटते रहते हैं। ऐसा विवाह बाधा योगों के कारण होता है।

कतिपय विवाह बाधा योग नीचे दिए जा रहे हैं, इनमें से किसी एक के उपस्थित होने पर भी विवाह में रुकावट हो सकती है :

1. कुंडली में सप्तम भाव में मंगल बैठा हो तथा शनि की मंगल पर दृष्टि हो, तो विवाह बाधा योग होता है।
2. कुंडली में सप्तम भाव में शनि बैठा हो तथा उस पर मंगल की दृष्टि हो, तो विवाह बाधा योग होता है।
3. सप्तम भाव पर शनि की दृष्टि भी विवाह में बाधा डालती है।

4. सप्तम भाव में बुध व शुक्र की युति होने पर भी विवाह बाधा योग होता है।
5. स्त्री कुंडली में मकर राशि में सप्तम भाव में गुरु होने पर भी विवाह बाधा योग होता है। यह योग कर्क लग्न कुंडली पर ही लागू होता है।
6. यदि सप्तमेश अस्त हो या नीच राशि में हो तथा सप्तम भाव में पाप ग्रह हो, तो विवाह बाधा योग होता है।
7. यदि सप्तमेश शत्रु राशि में हो या पाप ग्रह से दृष्ट हो तथा सप्तम भाव में पाप ग्रह बैठा हो, तो विवाह बाधा योग होता है।
8. यदि सप्तमेश के साथ शनि स्थित हो, तो विवाह बाधा योग होता है।
9. सप्तमेश अष्टम भाव में स्थित हो, सप्तम भाव में पाप ग्रह बैठा हो या पाप ग्रह की दृष्टि हो, तो विवाह बाधा योग होता है।
10. शुक्र जन्म लग्न तथा सप्तम भाव दोनों से ही दुःस्थान अर्थात् छठे या आठवें या बारहवें स्थान में बैठा हो तथा शुक्र व सप्तम भाव पर कोई शुभ ग्रह की युति या दृष्टि न हो, तो विवाह बाधा योग होता है।

विलंबित विवाह तथा अविवाह

अविवाह तथा विलंब से विवाह होने की ग्रह स्थितियां प्रायः समान सी होती हैं। कुंडली में सप्तम भाव, सप्तमेश, सप्तम का कारक शुक्र तथा बृहस्पति इन चारों घटकों पर अत्यधिक पाप प्रभाव हो और किसी भी घटक पर कोई भी शुभ प्रभाव न हो, तो अविवाह योग होता है। किंतु यदि एक दो घटक पर कोई शुभ प्रभाव भी हो, तो विलंब से विवाह हो जाता है।

कतिपय विलंबित विवाह योग एवं अविवाह योग यहां दिए जा रहे हैं।

विलंबित विवाह योग

1. शुक्र जन्म लग्न तथा सप्तम भाव दोनों से छठे, आठवें या बारहवें भाव में हो तथा उस पर शुभ दृष्टि न हो।

2. शुक्र पाप मध्यत्व में हो तथा उस पर पाप दृष्टि हो।
3. सप्तमेश पाप मध्यत्व में हो तथा सप्तम भाव भी पाप प्रभाव में हो।
4. लग्न से सप्तमेश व चंद्रमा से सप्तमेश तथा सप्तम भाव पर पाप प्रभाव हो।
5. सप्तम भाव में पाप ग्रह बैठा हो, सप्तमेश व शुक्र नीच राशि में अस्त हों।
6. द्वितीय भाव में पाप ग्रह हो, सप्तम भाव तथा सप्तमेश भी पाप प्रभाव में हों।
7. लग्न में बुध या गुरु या शुक्र हो, द्वितीय में सूर्य, शनि या मंगल हो तथा सप्तमेश दुःस्थान में हो।
8. सप्तम भाव पाप मध्यत्व में हो तथा सप्तमेश अस्त होकर दुःस्थान में हो।
9. सप्तमेश वक्री हो तथा अष्टम भाव का स्वामी मंगल हो।
10. सप्तमेश की शनि व राहु से युति हो।
11. सप्तम भाव में शनि बैठा हो।
12. लग्न, सप्तम भाव, सप्तमेश व शुक्र, यह चारों स्थिर राशियों (वृष, सिंह, वृश्चिक, कुंभ) में हों।
13. शुक्र, मिथुन, सिंह, कन्या, कुंभ राशि में किसी पाप ग्रह के साथ हो तथा उस पर कोई शुभ प्रभाव न हो।
14. अष्टमेश पंचम भाव में हो तथा सप्तमेश दुःस्थान (6-8-12 भाव) में हो।
15. सप्तम भाव में राहु-शनि या राहु-सूर्य की युति हो तथा सप्तमेश भी पाप प्रभाव में हो।
16. षष्ठेश व सप्तमेश एक-दूसरे से सप्तम में हों तथा सप्तम भाव पापयुत दृष्ट हो।
17. सप्तमेश द्वितीय या तृतीय भाव में हो, शुक्र पूर्णास्त हो तथा सप्तम भाव पाप प्रभाव में हो।
18. सप्तम भाव में चंद्र-शनि की युति पाप दृष्ट हो तथा सप्तमेश अस्त हो।
19. कुंडली में किसी भी भाव में चंद्र-शुक्र की युति हो तथा उससे सप्तम भाव में मंगल-शनि की युति हो।

20. सप्तमस्थ शनि पर पाप दृष्टि हो, किंतु किसी शुभ ग्रह की दृष्टि न हो।
21. सप्तम भाव में शुक्र-मंगल की युति हो।
22. शुक्र-मंगल की युति पंचम या नवम भाव में हो।
23. बुध, शुक्र व शनि तीनों नीच नवांश में हों।
24. शनि सप्तम भाव पर दृष्टि रखता हो, सप्तमेश व शुक्र नीच नवांश में हों।
25. सूर्य, मंगल व बुध लग्न में हों तथा बृहस्पति (विशेषकर स्त्री कुंडली में) व्यय भाव में हो।
26. सप्तमेश पाप ग्रह के साथ त्रिकोणगत हो, शुक्र भी पापयुत हो तथा द्वितीयेश दशम भाव में हो।

अविवाह योग

1. कुंडली में छठे, सातवें, आठवें, तीनों भावों में पाप ग्रह हों, शुक्र नीच या शत्रु राशि में हो तथा सप्तमेश पर भी पाप प्रभाव हो।
2. जन्म कुंडली तथा नवांश कुंडली दोनों में ही सप्तम भाव, सप्तमेश व शुक्र तीनों पाप प्रभाव में हों।
3. सप्तमेश नीच राशिगत हो, सप्तम भाव पाप प्रभाव में हो तथा शुक्र दुःस्थान में हो।
4. सप्तमेश नीच राशि में हो, मंगल लग्न या चतुर्थ भाव में हो, सप्तम भाव में चंद्र-शनि की युति हो तथा शुक्र दुःस्थान में हो।
5. चंद्रमा पर बली शनि की दृष्टि हो तथा सप्तम भाव, सप्तमेश व शुक्र तीनों पाप प्रभाव में हों।
6. शुक्र दूसरे, छठे, आठवें, बारहवें भाव में पाप पीड़ित हो तथा सप्तम भाव पापयुत व सप्तमेश अस्त हो।
7. सप्तमेश बारहवें भाव में हो, उस पर शनि, सूर्य व राहु तीनों की युति, दृष्टि या प्रभाव हो।
8. सप्तम में पाप ग्रह हो, षष्ठेश लग्न में हो तथा सप्तमेश अस्त, नीचगत या दुःस्थान में हो।
9. लग्न में शुक्र व राहु की युति हो तथा सप्तमेश भी पाप प्रभाव

में हो तथा सप्तम भाव व सप्तमेश पर कोई शुभ प्रभाव न हो।

10. षष्ठेश व सप्तमेश एक-दूसरे से सप्तम में हों तथा सप्तम भाव व शुक्र भी पाप प्रभाव में हो।
11. सूर्य व चंद्र दोनों पर शनि की दृष्टि हो, शुक्र अस्त हो, सप्तम भाव व सप्तमेश पाप प्रभाव में हों।
12. सप्तम भाव में चंद्र-शनि की युति पाप दृष्ट हो, सप्तमेश पाप मध्यत्व में तथा शुक्र अस्त हो या नीच राशिगत हो।
13. सप्तम भाव व सप्तमेश दोनों ही पाप मध्यत्व में हों, लग्न में पाप ग्रह स्थित हो तथा शुक्र अस्त हो।
14. चंद्रमा व सप्तमेश दुःस्थान (छठे, आठवें, बारहवें भाव) में हों, सप्तम भाव में पाप ग्रह हो तथा शुक्र अस्त या नीच राशिगत हो।
15. सप्तमेश शुभयुक्त न होकर छठे, आठवें या बारहवें भाव में अस्त होकर या नीच राशि का होकर बैठा हो तथा शुक्र पाप प्रभाव में हो।
16. सप्तमेश व्यय भाव में हो तथा जन्म राशिपति सप्तम भाव में बैठा हो।
17. कुंडली में किसी भी भाव में चंद्र-शुक्र की युति हो तथा उससे सप्तम में मंगल-शनि की युति हो तथा सप्तम भाव या सप्तमेश पाप प्रभाव में हो।
18. शुक्र किसी पाप ग्रह के साथ पंचम, सप्तम या नवम भाव में स्थित हो तथा सप्तमेश दुःस्थान में हो।
19. बुध, शुक्र व शनि तीनों ही जन्म कुंडली में नीच या शत्रु राशि तथा नवांश कुंडली में भी नीच राशि में हों।
20. सातवें तथा बारहवें भाव में दो-दो पाप ग्रह बैठे हों तथा पंचम भाव में चंद्रमा हो।
21. सूर्य स्पष्ट में चार राशि तेरह अंश बीस कला जोड़ने पर जो राश्यादि आए, यदि वही राश्यांश सप्तम भाव का स्पष्ट हो, तो भी अविवाह योग होता है।
22. वृष लग्न कुंडली में यदि चंद्रमा से सप्तम मंगल तथा शुक्र से सप्तम शनि हो तथा सप्तमेश दूषित हो, तो अविवाहित योग होता है।

संतान/पुत्र प्राप्ति योग

विवाह के पश्चात मनुष्य की प्रबल इच्छा होती है, संतान प्राप्ति की। विशेषकर पुत्र प्राप्ति की। क्योंकि पुत्र संतान होने पर ही वंश आगे चल सकता है, अन्यथा वंश आगे नहीं चल पाता। पाठकों का ध्यान इस ओर आकर्षित कराया जाता है कि संतान योग के साथ संतान संबंधी अन्य योगों–संतान बाधा योग, विलंब से संतान प्राप्ति योग, पुत्राभाव आदि का भी अवश्य अवलोकन कर लें। इस संबंध में कुछ प्रमुख योग यहां दिए जा रहे हैं :

1. कुंडली में लग्न से पंचम भाव में शुभ ग्रह हो, शुभ युत या दृष्ट हो या अपने स्वामी से युत या दृष्ट हो, तो पुत्र योग होता है।
2. चंद्रमा से पंचम भाव में शुभ ग्रह हो या शुभ ग्रह की दृष्टि हो या पंचमेश स्वयं वहां बैठा हो, तो पुत्र योग होता है।
3. लग्नेश पंचम भाव में हो, तो संतान योग होता है।
4. लग्नेश-पंचमेश का राशि परिवर्तन हो अर्थात् लग्नेश पंचम भाव में तथा पंचमेश लग्न में हो, तो संतान योग होता है।
5. पंचमेश केंद्र या त्रिकोण में बैठा हो, तो संतान योग होता है।
6. लग्नेश व पंचमेश एक साथ किसी भी शुभ भाव में बैठे हों, तो संतान योग होता है।
7. लग्नेश-पंचमेश दोनों में दृष्टि संबंध हो, तो संतान योग होता है।
8. कोई शुभ ग्रह केंद्र या त्रिकोण का स्वामी होकर पंचम भाव में बैठा हो तथा पंचमेश यदि दुर्बल (6-8-12वें भाव में या नीच राशिगत या शत्रु राशिगत या अस्तगत या पापयुक्त) न हो, तो पुत्र योग होता है।
9. लग्नेश पंचम भाव में हो तथा गुरु बलवान हो, तो पुत्र योग होता है।
10. बलवान बृहस्पति पंचम भाव में हो तथा उस पर लग्नेश की दृष्टि हो, तो निश्चय ही पुत्र होता है।
11. लग्नेश-पंचमेश दोनों स्वगृही, मित्रगृही अथवा उच्च राशिगत हों, तो संतान योग होता है।
12. लग्नेश-पंचमेश शुभ ग्रह के साथ होकर केंद्र में हों तथा द्वितीयेश भी बली हो, तो संतान योग होता है।

13. लग्नेश तथा नवमेश दोनों सप्तम भाव में हों, तो संतान योग होता है।
14. द्वितीयेश लग्न भाव में हो, तो भी संतान योग होता है।
15. यदि लाभ भाव में शुभ ग्रह की राशि हो अथवा लाभेश शुभ ग्रह के साथ हो या लाभेश पर शुभ ग्रह की दृष्टि हो तथा लाभेश केंद्र या त्रिकोणगत हो, तो पुत्र योग होता है।
16. लग्न से पांचवें भाव का स्वामी, चंद्रमा से पांचवें भाव का स्वामी तथा गुरु अच्छे स्थानों में अच्छी स्थिति में हों, तो पुत्र योग होता है।
17. यदि लग्न से पंचम भाव में वृष, कर्क या तुला राशि हो और वहां शुक्र या चंद्रमा बैठा हो या शुक्र या चंद्रमा की दृष्टि हो तथा पाप ग्रह की युति या दृष्टि न हो, तो पुत्र योग होता है।
18. लग्न एवं चंद्र में जो बली हो, उस स्थान से पंचम स्थान यदि गुरु के वर्ग का हो और शुभ राशि भी हो या शुभ दृष्टि हो, तो पुत्र अवश्य होता है।
19. पंचमेश पाप ग्रह हो और पंचम में ही हो, किसी अन्य पाप ग्रह की युति या दृष्टि न हो, तो पुत्र योग होता है।

संतान बाधा/विलंब से संतान प्राप्ति योग

1. लग्न से पंचम स्थान, चंद्रमा से पंचम स्थान तथा गुरु से पंचम स्थान पाप ग्रहों से युत या दृष्ट हों तथा किसी शुभ ग्रह की युति या दृष्टि न हो, तो संतान बाधा योग होता है।
2. लग्न, चंद्र और गुरु से पांचवें स्थान के स्वामी दुःस्थान (छठे, आठवें, बारहवें भाव) में पड़े हों, तो संतान बाधा योग होता है।
3. लग्न, चंद्र और गुरु से पांचवें स्थान पाप मध्यत्व अर्थात् पाप ग्रहों के मध्य में हों, तो संतान बाधा योग होता है।
4. कोई शुभ ग्रह पंचमेश होकर पंचम में ही हो और उसके साथ कोई पाप ग्रह भी बैठा हो, तो वह पाप ग्रह संतान नष्ट करता है।
5. यदि पंचमेश दुःस्थान में हो या दुःस्थान का स्वामी पंचम भाव में पाप दृष्ट हो, तो संतान बाधा योग होता है।
6. पंचमेश अस्त हो या नीच राशि में हो, पंचम भाव एवं पंचमेश पर पाप दृष्टि भी हो, तो संतान बाधा योग होता है।

7. यदि तृतीयेश प्रथम, तृतीय, पंचम, नवम भाव में स्थित हो तथा कोई शुभ योग न हो, तो संतान बाधा योग होता है।
8. चंद्रमा पंचम भाव में हो और सभी पाप ग्रह प्रथम, सप्तम व द्वादश भाव में हों, तो संतान बाधा योग होता है।
9. षष्ठेश, अष्टमेश या द्वादशेश पंचम भाव में हो, पंचमेश अस्त हो या नीच राशि में हो, तो संतान बाधा योग होता है।
10. पंचम में केतु हो और किसी शुभ ग्रह की दृष्टि न हो, तो जातक की पत्नी का रजोधर्म दूषित होने से संतान बाधा होती है।
11. यदि कुंडली में वृष लग्न हो, लग्न में मंगल, पंचम भाव में सूर्य तथा आठवें भाव में शनि स्थित हो, तो संतान बाधा योग होता है। यत्न करने पर बहुत विलंब से पुत्र होता है।
12. यदि कुंडली में मेष लग्न हो, लग्न में मंगल, पंचम भाव में सूर्य तथा आठवें भाव में शनि स्थित हो, तो संतान बाधा होती है। यत्न करने पर विलंब से पुत्र प्राप्ति हो जाती है।
13. यदि कुंडली में कर्क लग्न हो, लग्न में मंगल, पंचम भाव वृश्चिक राशि में सूर्य तथा अष्टम भाव कुंभ राशि में शनि स्थित हो, तो संतान बाधा होती है। किंतु यत्न करने पर विलंब से पुत्र की प्राप्ति हो जाती है।
14. यदि कुंडली में मकर लग्न हो, लग्न में उच्च राशि का मंगल, पंचम भाव में वृष राशि में सूर्य तथा अष्टम भाव में सिंह राशि में शनि स्थित हो, तो संतान बाधा होती है। यत्न करने पर विलंब से पुत्र की प्राप्ति हो जाती है।
15. यदि लग्न में शनि, अष्टम भाव में बृहस्पति तथा बारहवें भाव में मंगल हो तथा पंचम भाव में वृष राशि हो, तो संतान बाधा होती है। बहुत यत्न करने पर काफी विलंब से पुत्र की प्राप्ति होती है।
16. यदि कुंडली में मेष लग्न हो, लग्न में शनि, अष्टम भाव में गुरु तथा व्यय भाव में मंगल हो, तो संतान बाधा होती है। बहुत यत्न करने पर काफी विलंब से पुत्र की प्राप्ति होती है।
17. यदि कुंडली में वृष लग्न हो, लग्न में शनि, अष्टम भाव में धनु राशि में गुरु तथा व्यय भाव में मंगल हो, तो संतान बाधा योग होता है। बहुत यत्न करने पर काफी विलंब से पुत्र की प्राप्ति होती है।

18. यदि कुंडली में कर्क लग्न हो, लग्न में शनि, अष्टम भाव में कुंभ राशि में गुरु तथा बारहवें भाव मिथुन राशि में मंगल हो, तो संतान बाधा होती है। बहुत यत्न करने पर काफी विलंब से पुत्र की प्राप्ति होती है।
19. लग्न में दो या दो से अधिक पाप ग्रह हों तथा बृहस्पति जहां बैठा हो, उससे पांचवें भाव में भी पाप ग्रह हो तथा ग्यारहवें भाव में चंद्रमा हो, तो भी संतान बाधा होती है। बहुत यत्न करने पर काफी विलंब से पुत्र की प्राप्ति होती है।
20. कुंडली में लग्नेश, पंचमेश तथा नवमेश तीनों छठे, आठवें, बारहवें भाव में शुभ युत हों, तो विलंब से संतान की प्राप्ति होती है।
21. लग्न में मंगल, अष्टम में शनि, पंचम में सूर्य हो, तो यत्न करने पर पुत्र की प्राप्ति होती है।
22. यदि तृतीयेश प्रथम, तृतीय, पंचम, नवम भाव में हो और कोई भी शुभ ग्रह न हो, तो संतान बाधा योग होता है।
23. पंचम भाव में पाप ग्रह तथा चतुर्थ भाव में गुरु हो, तो संतान बाधा योग होता है।
24. पंचम भाव में पाप ग्रह तथा दशम भाव में शुभ ग्रह हो, तो विलंब से पुत्र की प्राप्ति होती है।

वंश विच्छेद / पुत्राभाव योग

1. यदि कुंडली में लग्न में चंद्र व गुरु की युति हो तथा मंगल व शनि दोनों की लग्न पर दृष्टि हो, तो पुत्राभाव योग होता है।
2. यदि दशम भाव में चंद्र, सप्तम में राहु तथा चतुर्थ भाव में पाप ग्रह हो और लग्नेश की बुध के साथ युति हो, तो पुत्राभाव योग होता है।
3. यदि कुंडली में लग्न, पंचम, अष्टम एवं द्वादश चारों भावों में पाप ग्रह स्थित हों, तो पुत्राभाव योग होता है।
4. यदि सप्तम भाव में बुध व शुक्र दोनों की स्थिति हो, पंचम भाव में बृहस्पति तथा चतुर्थ भाव में पाप ग्रह हो तथा चंद्रमा से अष्टम भाव में भी पाप ग्रह हो, तो पुत्राभाव योग होता है।
5. कुंडली में प्रथम, सप्तम, नवम व द्वादश चारों भावों में पाप ग्रह शत्रु राशि में होने से पुत्राभाव योग होता है।

6. यदि लग्नेश, पंचमेश, सप्तमेश व बृहस्पति सब के सब दुर्बल हों, तो पुत्राभाव योग रहता है।
7. यदि पंचमेश, सप्तमेश, नवमेश निर्बल होकर छठे, आठवें, बारहवें भाव में स्थित हों, तो पुत्राभाव योग होता है।
8. पंचम भाव में स्थित राहु पर मंगल की दृष्टि हो, तो पुत्राभाव योग होता है।
9. चंद्रमा व गुरु की युति लग्न में हो तथा शनि व मंगल की उन पर दृष्टि हो, तो पुत्राभाव रहता है, वंश आगे नहीं चलता।
10. लग्न, सप्तम व द्वादश भावों में पाप ग्रह स्थित हों तथा शत्रु गृही हों, तो पुत्राभाव रहता है।
11. लग्न में मंगल, अष्टम भाव में शनि तथा पंचम भाव में सूर्य स्थित हो, तो पुत्राभाव रहता है। वंश आगे नहीं चलता।
12. चतुर्थ भाव में पाप ग्रह, सप्तम भाव में शुक्र तथा दशम भाव में चंद्रमा हो, तो पुत्राभाव योग होता है। जातक का वंश आगे नहीं चलता।
13. चंद्रमा से अष्टम भाव में पाप ग्रह बैठा हो तथा चतुर्थ भाव में भी पाप ग्रह स्थित हो, तो भी प्रायः पुत्र का अभाव ही रहता है।
14. पंचमेश मिथुन या कन्या राशि में हो, बुध से युत हो, पंचमेश और पंचम भाव पर पुरुष ग्रह की दृष्टि न हो, तो पुत्राभाव रहता है।
15. लग्न, अष्टम तथा द्वादश भाव में पाप ग्रह हों तथा चंद्रमा पंचम भाव में हो, तो भी पुत्राभाव ही रहता है।
16. पंचम भाव में गुरु, सप्तम भाव में बुध एवं शुक्र तथा चतुर्थ भाव में पाप ग्रह हो, तो भी पुत्राभाव रहता है।
17. लग्नेश पंचम भाव में हो, पंचमेश तीसरे भाव में, चंद्र चौथे भाव में हो तथा लग्न में पाप ग्रह होने पर भी पुत्राभाव होता है।

प्रेम विवाह योग

आज के युग में एक नए प्रकार के विवाह का भी क्रम चालू हो गया है, जिसे प्रेम विवाह या 'लव मैरिज' कहते हैं। यह 'पहले प्यार, फिर विवाह' के सिद्धांत पर आधारित है, जबकि भारतीय परंपरा के अनुसार विवाह 'पहले विवाह, फिर प्यार' के सिद्धांत पर निर्भर है।

कुंडली में पंचम भाव, पंचमेश से प्रणय संबंधों का पता चलता है। सप्तम भाव, सप्तमेश विवाह से संबंधित है। शुक्र सप्तम भाव का कारक ग्रह है। अतः जब इन सबका शुभ संयोग हो, तो परिणामस्वरूप पति-पत्नी में घनिष्ठ स्नेह संबंध होना संभव होता है। ऐसी स्थिति में ही प्रेम-विवाह होना संभव होता है। स्त्री कुंडली में मंगल की भी इसमें विशेष भूमिका रहती है, क्योंकि स्त्री के रज से संबंधित ग्रह मंगल ही है। प्रेम विवाह से संबंधित कतिपय योग इस प्रकार हैं:

1. शुक्र सप्तमेश से संबंधित होकर पंचम भाव में बैठा हो।
2. पंचमेश एवं सप्तमेश की किसी शुभ भाव में युति पर शुक्र की दृष्टि हो।
3. पंचमेश व सप्तमेश में राशि परिवर्तन योग हो।
4. सप्तमेश तथा शुक्र पर शनि व राहु की दृष्टि हो।
5. पंचमेश, सप्तमेश तथा शुक्र का शुभ संबंध हो।
6. लग्नेश व सप्तमेश में राशि परिवर्तन योग हो।
7. लग्नेश व सप्तमेश की किसी शुभ भाव में युति हो।
8. शुक्र पंचम या नवम भाव में बैठकर सप्तमेश से दृष्टि संबंध रखता हो।
9. शुक्र चंद्र लग्न से पंचम स्थान में सप्तमेश से संबंध करता हो।
10. सप्तमेश व नवमेश की युति पर शुक्र की दृष्टि हो।
11. सप्तमेश व शुक्र पर चंद्रमा की दृष्टि हो।
12. लग्नेश व पंचमेश में राशि परिवर्तन योग हो तथा शुक्र पर चंद्रमा की दृष्टि हो।
13. लग्नेश व नवमेश में राशि परिवर्तन योग हो तथा शुक्र पर चंद्रमा की दृष्टि हो।
14. मंगल एवं शुक्र में परस्पर दृष्टि संबंध हो।
15. कन्या की कुंडली में जिस राशि में मंगल हो, उसी राशि में किसी लड़के की कुंडली में शुक्र स्थित होने पर कन्या उसकी ओर आकर्षित हो जाती है।
16. कन्या की कुंडली में पंचम भाव में मंगल व पंचमेश की युति हो।
17. कन्या की कुंडली में सप्तम भाव में मंगल व सप्तमेश की युति हो।
18. कन्या की कुंडली में पंचम भाव में मंगल, सप्तम भाव में लाभेश तथा लाभ भाव में सप्तमेश स्थित हो।

सातवां अध्याय

प्रकीर्ण योग

प्रकीर्ण का अर्थ है—फुटकर, किंतु फुटकर होते हुए भी इस अध्याय में जीवन की विभिन्न महत्वपूर्ण आवश्यकताओं से संबंधित योग दिए जा रहे हैं। ये आवश्यकताएं इतनी अधिक महत्वपूर्ण हैं कि प्रायः अधिकांश पाठक इनके विषय में जानने को उत्सुक रहते हैं। हमारे पास समस्या, समाधान और जिज्ञासा पूर्ति के लिए जिन विषयों पर सर्वाधिक पत्र आते हैं, उन्हीं में से प्रमुख को इस अध्याय में सम्मिलित किया गया है। जैसे मकान, ज़मीन एवं संपत्ति योग, वाहन योग, विदेश यात्रा योग एवं चोरी होने की आशंका आदि से संबंधित विशेष योग दिए गए हैं। विश्वास है कि ये पाठकों के लिए काफी उपयोगी सिद्ध होंगे।

भूमि, भवन एवं संपत्ति योग

कुंडली में चतुर्थ भाव जीवन के सुखों से संबंधित है। भूमि, भवन, संपत्ति आदि का संबंध भी इसी भाव से है। चतुर्थ भाव के कारक ग्रह चंद्र एवं बुध हैं, जबकि भूमि, भवन, संपत्ति का कारक ग्रह मंगल है।

अतः कुंडली में चतुर्थ भाव, चतुर्थेश, चंद्र, बुध व मंगल की स्थिति जितनी अच्छी होगी, उसी के अनुसार जातक को भूमि, भवन, संपत्ति आदि का सुख प्राप्त होगा। भूमि, भवन, संपत्ति संबंधी कुछ योग इस प्रकार हैं :

1. चतुर्थेश व लग्नेश की युति केंद्र या त्रिकोण में हो तथा उन पर शुभ ग्रह की दृष्टि भी हो, तो जातक भवन-स्वामी होता है।
2. चतुर्थेश उच्च राशिगत हो तथा नवमेश केंद्र में हो, तो जातक को सुसज्जित मकान मिलता है।
3. चतुर्थेश एवं दशमेश की युति हो तथा शनि केंद्र में हो, तो जातक को मकान का सुख मिलता है।
4. चतुर्थेश एवं मंगल उच्च, स्वगृही, मूल त्रिकोणस्थ, शुभ युत या शुभ स्थानस्थ हो, तो उत्तम फल की प्राप्ति होती है।
5. चतुर्थेश दशम भाव में, दशमेश चतुर्थ भाव में हो तथा मंगल बलवान हो या मंगल की दृष्टि उन पर हो, तो भूमि-भवन योग होता है।
6. बलवान सूर्य उच्च राशि का होकर चतुर्थ भाव में बैठा हो, तो प्रायः 22 वर्ष की आयु में जातक को मकान की प्राप्ति होती है। एक अन्य मतानुसार चतुर्थ भाव में मेष राशि का सूर्य हो, तो 45 से 48 वर्ष की आयु में जातक का अपना बनाया घर होता है।
7. चतुर्थेश सप्तम भाव में हो तथा शुक्र चौथे भाव में हो और इन दोनों में परस्पर मैत्री हो, तो स्त्री द्वारा भू-संपत्ति प्राप्त होती है।
8. चतुर्थेश, दशमेश एवं चंद्रमा तीनों बलवान तथा परस्पर मित्र हों, तो भूमि-मकान योग होता है।
9. चतुर्थेश एवं नवमेश एकादश भाव में हों तथा शुभ दृष्ट हों, पाप दृष्ट न हों, तो मकान आदि का लाभ होता है।
10. चतुर्थेश किसी केंद्र में गुरु के साथ हो, तो जातक को ज़मीन, मकान प्राप्त कराता है।

11. चतुर्थेश द्वितीय या एकादश भाव में हो, तो जातक को भूमि प्राप्त होती है।
12. लग्नेश तथा चतुर्थेश एक साथ हों, केंद्र या त्रिकोणगत होकर शुभ ग्रह से दृष्ट हों या नवमेश केंद्रगत हो, चतुर्थेश उच्च राशि में हो या बुध तृतीयगत हो तथा चतुर्थेश दुःस्थानगत न हो, तो जातक को सुसज्जित मकान मिलता है।
13. चतुर्थ भाव तथा चतुर्थेश दोनों चर राशि में हों, तो जातक को मकान अवश्य मिलता है।
14. लग्नेश द्वितीयस्थ तथा द्वितीयेश एकादशस्थ तथा लाभेश लग्नस्थ हो, तो जातक को पृथ्वी में गड़ी हुई संपत्ति प्राप्त होती है।
15. चतुर्थेश एकादश भाव में तथा एकादशेश चतुर्थ भाव में हो तथा द्वितीयेश दशम भाव में हो, तो आकस्मिक संपत्ति प्राप्त होती है।
16. चतुर्थेश तथा नवमेश लाभ भाव में हों, द्वितीयेश दशम भाव में हो, तो आकस्मिक संपत्ति प्राप्त होती है।
17. चतुर्थेश चतुर्थ भाव में ही हो तथा शुभ ग्रह से युत या दृष्ट हो, तो भूमि-भवन का विशेष सुख मिलता है।
18. चतुर्थेश या मंगल नीचस्थ, पापयुक्त होने पर भूमि/भवन का नाश करता है।
19. चतुर्थेश नीच शत्रु क्षेत्रीय होकर द्वितीय भाव में हो, तो संपत्ति का नाश करता है।

वाहन योग

वाहन का संबंध भी कुंडली के चतुर्थ भाव से है, चतुर्थ भाव जीवन के सुखों से संबंधित है। वाहन भी सुख का साधन है। वाहन का कारक ग्रह शुक्र है। अतः कुंडली में चतुर्थ भाव, चतुर्थेश व शुक्र की स्थिति जितनी अच्छी होगी, उसी के अनुसार वाहन सुख की प्राप्ति होगी। कतिपय वाहन संबंधी योग नीचे दिए जा रहे हैं :

1. चतुर्थेश पंचम भाव में हो और पंचमेश चतुर्थ भाव में हो, तो वाहन सुख की प्राप्ति होती है।
2. चतुर्थ भाव किसी उच्च राशि ग्रह से युत हो तथा धनेश लग्न में एवं दशमेश धन भाव में हो, तो उत्तम वाहन मिलता है।

3. लग्नेश, चतुर्थेश व नवमेश तीनों परस्पर केंद्र में हों, तो वाहन सुख मिलता है।
4. लग्न, चतुर्थ भाव या नवम भाव में यदि चतुर्थेश व नवमेश की युति हो, तो इन्हीं ग्रहों की महादशा या अंतर्दशा में वाहन लाभ होता है।
5. चतुर्थेश लाभ भाव में तथा लाभेश चतुर्थ भाव में होने पर भी वाहन सुख मिलता है।
6. चतुर्थेश दशम भाव में तथा दशमेश चतुर्थ भाव में हो, तो वाहन लाभ होता है।
7. चतुर्थेश नवमस्थ हो और नवमेश चतुर्थ भाव में हो, तो वाहन योग होता है।
8. चतुर्थेश दशम भाव में हो तथा दशमेश लग्न में होने पर भी वाहन लाभ होता है।
9. चतुर्थेश द्वितीय भाव में हो तथा द्वितीयेश चतुर्थ भाव में हो, तो वाहन सुख मिलता है।
10. शुक्र की दृष्टि चंद्रमा पर हो अर्थात् शुक्र से सप्तम भाव में चंद्रमा हो, तो वाहन सुख होता है।
11. चतुर्थेश शुक्र के साथ लग्न में होने पर भी वाहन सुख प्राप्त हो जाता है।
12. चतुर्थेश यदि शुक्र के साथ चतुर्थ भाव में ही हो, तो भी वाहन सुख की प्राप्ति हो जाती है।
13. चतुर्थ भाव में शुभ ग्रह की स्थिति व दृष्टि होने पर भी वाहन लाभ मिल जाता है।
14. चंद्रमा से तृतीय स्थान में शुक्र हो अथवा शुक्र से तृतीय स्थान पर चंद्रमा हो तथा चतुर्थ भाव में शुभ ग्रह हो, तो भी वाहन योग होता है।
15. चतुर्थेश किसी केंद्र में हो और उस केंद्र का स्वामी लग्न में हो, तो वाहन की प्राप्ति होती है।
16. दशमेश लाभ भाव में हो और लाभेश दशम भाव में हो, तो वाहन सुख की प्राप्ति होती है।
17. चतुर्थेश शुभ हुए बुध के साथ चतुर्थ भाव में स्थित हो और उस पर शुभ ग्रह की युति दृष्टि हो, तो उत्तम वाहन योग होता है।

18. यदि चतुर्थेश, बृहस्पति, शुक्र व चंद्रमा चारों एक साथ केंद्र या त्रिकोण में बैठे हों, तो कई वाहनों की प्राप्ति होती है।
19. चतुर्थेश की बृहस्पति से युति होने पर भी वाहन सुख की प्राप्ति हो जाती है।
20. चतुर्थेश दुःस्थानगत छठे, आठवें, बारहवें भाव में हो या नीच राशिगत या शत्रु गृही हो, तो जातक का वाहन बिगड़ता रहता है।
21. चतुर्थेश व नवमेश दोनों एकादश भाव में हों, तो कई वाहनों का लाभ होता है।
22. चतुर्थेश व नवमेश दोनों की चतुर्थ भाव पर दृष्टि होने से भी कई वाहनों की प्राप्ति होती है।
23. चतुर्थेश किसी केंद्र में हो और उस केंद्र का स्वामी एकादश भाव में स्थित हो, तो भी वाहन योग होता है।
24. चतुर्थेश 'मेष' या 'वृश्चिक' राशिगत हो या बुध लग्न में हो तथा नवम भाव में कोई शुभ ग्रह हो, तो भी वाहन योग होता है।
25. व्ययेश अपनी उच्च राशि में धनेश से युत होकर नवम भाव को देखता हो, तो भी वाहन योग होता है।

विदेश यात्रा योग

1. नवम भाव का स्वामी नवम भाव में ही हो तथा लग्नेश लग्न में ही हो, तो विदेश यात्रा योग होता है।
2. लग्नेश नवम भाव में हो तथा नवमेश लग्न में हो, तो विदेश यात्रा का योग बनता है।
3. कुंडली के नवम व द्वादश भाव में चर राशि हो तथा नवमेश व दशमेश भी चर राशियों में हों, तो विदेश यात्रा का योग होता है।
4. नवमेश व दशमेश चर राशियों में हों तथा जहां यह बैठे हों, उन भावों के स्वामी भी चर राशियों में हों, तो विदेश यात्रा का योग होता है।
5. चंद्रमा चर राशि में हो तथा नवम व द्वादश भाव से संबंधित हो, तो विदेश यात्रा की संभावना होती है।
6. लग्न चर राशि हो, लग्नेश भी चर राशि में स्थित हो तथा किसी चर राशि में बैठे ग्रह की लग्नेश पर दृष्टि हो, तो विदेश यात्रा योग होता है।

7. लग्नेश अष्टम भाव में स्थित हो तथा चतुर्थ या नवम या द्वादश भाव में राहु या केतु स्थित हो, तो विदेश यात्रा योग होता है।
8. द्वादशेश द्वादश भाव में ही हो तथा लग्नेश व नवमेश त्रिकोण में हों, तो विदेश यात्रा-योग होता है।
9. द्वादशेश अपनी उच्च राशि में अथवा स्वराशि में किसी शुभ ग्रह के साथ हो, तो भी विदेश यात्रा का योग बनता है।
10. द्वादशेश अपनी उच्च राशि का होकर अष्टम भाव में चर राशि में स्थित हो, तो विदेश यात्रा-योग होता है।
11. लग्नेश, चतुर्थेश दोनों द्वादश भाव में होने पर भी विदेश यात्रा योग होता है।
12. कुंडली में तृतीय या नवम भाव में राहु स्थित होने पर भी विदेश यात्रा योग होता है।
13. लग्नेश जहां बैठा हो, उससे बारहवें भाव में बैठा ग्रह यदि अपनी उच्च राशि या स्वराशि का हो, तो विदेश यात्रा योग होता है।
14. लग्नेश जहां बैठा हो, उससे बारहवें भाव का स्वामी लग्न से केंद्र या त्रिकोण में हो, उच्च राशि, स्व राशि, मित्र राशि का हो तथा उसके दोनों ओर शुभ ग्रह हों, तो विदेश यात्रा योग होता है।
15. लग्नेश जहां बैठा हो, उससे बारहवें भाव का स्वामी बलवान तथा सूर्य से दृष्ट हो, तो विदेश यात्रा योग होता है।

चोरी होने का योग

1. अश्विनी नक्षत्र में जन्म लेने वाले जातक को क्रूर ग्रह की महादशा में सूर्य, मंगल व गुरु की अंतर्दशा आने पर चोरी का भय होता है।
2. भरणी नक्षत्र में जन्म लेने वाले व्यक्ति को क्रूर ग्रह की महादशा में चंद्रमा, राहु, शनि की अंतर्दशा आने पर चोरी की आशंका होती है।
3. कृतिका नक्षत्र में जन्म लेने वाले व्यक्ति को क्रूर ग्रह की महादशा में मंगल, गुरु, बुध की अंतर्दशा आने पर चोरी की आशंका होती है।
4. रोहिणी नक्षत्र में जन्म लेने वाले व्यक्ति को क्रूर ग्रह की महादशा में राहु, शनि, केतु की अंतर्दशा होने पर चोरी की आशंका होती है।

5. जिस व्यक्ति का जन्म मृगशिरा नक्षत्र में हुआ हो, उसे क्रूर ग्रह की महादशा में गुरु, बुध, शुक्र की अंतर्दशा के समय में चोरी की आशंका होती है।
6. आर्द्रा नक्षत्र में जन्मे जातक को चोरी की आशंका तब हो सकती है, जब क्रूर ग्रह की महादशा में शनि, केतु, सूर्य की अंतर्दशा चल रही हो।
7. पुनर्वसु नक्षत्र में उत्पन्न व्यक्ति को क्रूर ग्रह की महादशा में बुध, शुक्र, चंद्रमा की अंतर्दशा के समय में चोरी की आशंका हो सकती है।
8. जिस व्यक्ति का जन्म पुष्य नक्षत्र में हुआ हो, उसे किसी क्रूर ग्रह की महादशा में जब केतु, सूर्य, मंगल की अंतर्दशा चल रही हो, तो चोरी का भय होता है।
9. आश्लेषा नक्षत्र में जन्मे जातक को चोरी की आशंका तब होती है, जब किसी क्रूर ग्रह की महादशा में शुक्र, चंद्र, राहु का अंतर चल रहा हो।
10. मघा नक्षत्र में जन्म लेने वाले व्यक्ति को क्रूर ग्रह की महादशा में सूर्य, मंगल, गुरु, की अंतर्दशा में चोरी की आशंका हो सकती है।
11. पूर्वा फाल्गुनी नक्षत्र में उत्पन्न व्यक्ति को किसी क्रूर ग्रह की महादशा में जब चंद्रमा, राहु, शनि की अंतर्दशा चल रही हो, तब चोरी की आशंका होती है।
12. उत्तरा फाल्गुनी नक्षत्र में जन्मे व्यक्ति को क्रूर ग्रह की महादशा में मंगल, गुरु, बुध की अंतर्दशा आने पर चोरी का भय होता है।
13. हस्त नक्षत्र में जन्मे जातक को क्रूर ग्रह की महादशा में राहु, शनि, केतु की अंतर्दशा आने पर चोरी का भय होता है।
14. चित्रा नक्षत्र में जन्म लेने वाले व्यक्ति को क्रूर ग्रह की महादशा में गुरु, बुध, शुक्र की अंतर्दशा आने पर चोरी की आशंका हो सकती है।
15. स्वाति नक्षत्र में जिसका जन्म हुआ हो, उसे क्रूर ग्रह की महादशा में शनि, केतु, सूर्य की अंतर्दशा आने पर चोरी की आशंका हो सकती है।
16. विशाखा नक्षत्र में उत्पन्न व्यक्ति को क्रूर ग्रह की महादशा में

बुध, शुक्र, चंद्रमा की अंतर्दशा आने पर चोरी की आशंका हो सकती है।

17. अनुराधा नक्षत्र में जन्मे जातक को जब क्रूर ग्रह की महादशा में केतु, सूर्य, मंगल का अंतर चल रहा हो, तब चोरी की आशंका हो सकती है।
18. ज्येष्ठा-नक्षत्र में उत्पन्न व्यक्ति को क्रूर ग्रह की महादशा में शुक्र, चंद्र, राहु की अंतरदशा आने पर चोरी की आशंका हो सकती है।
19. मूला नक्षत्र में जन्म लेने वाले व्यक्ति को क्रूर ग्रह की महादशा में सूर्य, मंगल, गुरु की अंतरदशा आने पर चोरी की आशंका हो सकती है।
20. पूर्वाषाढ़ा नक्षत्र में जिसका जन्म हुआ हो, उसे क्रूर ग्रह की महादशा में चंद्र, राहु, शनि की अंतरदशा आने पर चोरी की आशंका हो सकती है।
21. उत्तराषाढ़ा नक्षत्र में जन्मे व्यक्ति को क्रूर ग्रह की महादशा में मंगल, गुरु, बुध की अंतरदशा आने पर चोरी की आशंका हो सकती है।
22. श्रवण नक्षत्र में जन्म लेने वाले को क्रूर ग्रह की महादशा में राहु, शनि, केतु की अंतरदशा आने पर चोरी की आशंका हो सकती है।
23. धनिष्ठा नक्षत्र में जन्मे व्यक्ति को क्रूर ग्रह की महादशा में गुरु, बुध, शुक्र की अंतरदशा आने पर चोरी की आशंका हो सकती है।
24. शतभिषा नक्षत्र में उत्पन्न व्यक्ति को क्रूर ग्रह की महादशा में शनि, केतु, सूर्य की अंतरदशा आने पर चोरी की आशंका हो सकती है।
25. पूर्वाभाद्रपद नक्षत्र में जिस व्यक्ति का जन्म हुआ हो, उसे क्रूर ग्रह की महादशा में बुध, शुक्र, चंद्रमा की अंतरदशा आने पर चोरी का भय होता है।
26. उत्तरा भाद्रपद नक्षत्र में उत्पन्न व्यक्ति को क्रूर ग्रह की महादशा में केतु, सूर्य, मंगल की अंतरदशा आने पर चोरी की आशंका होती है।
27. रेवती नक्षत्र में जन्म लेने वाले व्यक्ति को क्रूर ग्रह की महादशा में शुक्र, चंद्र, राहु की अंतरदशा आने पर चोरी का भय होता है।

●●●

तांत्रिक सिद्धियां

लेखक : डॉ. नारायणदत्त श्रीमाली

टाइप : पेपरबैक

भाषा : हिन्दी

पृष्ठ : 191

प्रकाशक : वी एण्ड एस पब्लिशर्स

विश्वविख्यात योगाचार्य तथा तन्त्र-मन्त्र शास्त्री की यह लोकप्रिय पुस्तक है। तन्त्र के क्षेत्र में यह पहली प्रैक्टिकल व्यावहारिक पुस्तक है, जिसमें तान्त्रिक सिद्धियों को प्राप्त करने के प्रयोग, मार्ग में आने वाली बाधाओं को दूर करने व सफलता प्राप्त करने की साधना दी गयी है।

प्रैक्टिकल हिप्नोटिज्म

लेखक : डॉ. नारायणदत्त श्रीमाली
टाइप : पेपरबैक
भाषा : हिन्दी
पृष्ठ : 266

पब्लिशर्स : वी ऍण्ड एस पब्लिशर्स

'प्रैक्टिकल हिप्नोटिज्म' विश्वविख्यात योगाचार्य एवं ज्योतिषविद् की महत्त्वपूर्ण पुस्तक है। इसमें सम्मोहन-विज्ञान के सम्बन्ध में भारतीय और पाश्चात्य धारणाओं का युक्तिसंगत विवेचन है। आप भी पढ़िए और अभ्यास द्वारा सम्मोहन-शक्ति प्राप्त कीजिए। इस पुस्तक में समस्याओं के हल की मनोवैज्ञानिक एवं चमत्कारी विद्या का समावेश हुआ है।

आओ ज्योतिष सीखें

लेखक : तिलक चन्द 'तिलक'
टाइप : पेपरबैक
भाषा : हिन्दी
पृष्ठ : 122

प्रकाशक : वी एण्ड एस पब्लिशर्स

चमत्कारी ज्योतिष विद्या में इतना आकर्षण है कि करोड़ों लोग इसे सीखना चाहते हैं। इसीलिए पाठकों की सदा यह चाह रही है कि सरल, सुबोध एवं रोचक शैली में लिखी एक ऐसी प्राथमिक पुस्तक मिल जाये, जिसे पढ़कर ज्योतिष सीखी जा सके। तिलक चन्द 'तिलक' ने सही मायने में इस उद्देश्य की पूर्ति की है। इस पुस्तक में आप पायेंगे -

- ज्योतिष की उत्पत्ति एवं महत्त्व
- ज्योतिष की उपयोगिता
- ज्योतिष शास्त्र के भेद
- आकाश परिचय, सौर मण्डल की उत्पत्ति,
- ग्रह परिचय, नक्षत्र एवं राशि परिचय तथा
- कुण्डली क्या है, कुण्डली का महत्त्व, जन्म कुण्डली के बारह भाव, जन्म कुण्डली के प्रकार, जन्म राशि जानना, जन्म पत्रिका के रूप, कुण्डली बनाने की सरल विधिा, बारह राशियों में ग्रहों की स्थिति के फल, जन्म नक्षत्र फल, जन्म राशि फल, जन्म कुण्डली से भविष्य फल जानना।

मंत्र रहस्य

लेखक : डॉ. नारायणदत्त श्रीमाली
टाइप : पेपरबैक
भाषा : हिन्दी
पृष्ठ : 380

प्रकाशक : वी॰ एस पब्लिशर्स

विश्वविख्यात आध्यात्मिक पुरुष की यह अनूठी पुस्तक है। इसमें मन्त्रों के सफल प्रयोगों पर आधारित प्रामाणिक व सचित्र विधियाँ दी गयी हैं, जिनके असंख्य दुर्लभ मन्त्रों से साधक एक सफल मन्त्रशास्त्री बन सकता है। इस पुस्तक में मन्त्र के अर्थ, महत्त्व, एवं मन्त्र सिद्धि के उपाय आदि के बारे में क्रमबद्ध जानकारी वर्णित है।